教育的根本

林 格 著

清华大学出版社
北 京

本书封面贴有清华大学出版社防伪标签，无标签者不得销售。
版权所有，侵权必究。举报：010-62782989，beiqinquan@tup.tsinghua.edu.cn。

图书在版编目（CIP）数据

教育的根本/林格著.—北京：清华大学出版社，2023.4（2024.9重印）
ISBN 978-7-302-63153-8

Ⅰ.①教… Ⅱ.①林… Ⅲ.①教育研究 Ⅳ.①G40-03

中国国家版本馆CIP数据核字(2023)第047779号

责任编辑：陈　莉
封面设计：周晓亮
责任校对：马遥遥
责任印制：曹婉颖

出版发行：清华大学出版社
　　　网　　址：https://www.tup.com.cn，https://www.wqxuetang.com
　　　地　　址：北京清华大学学研大厦A座　邮　编：100084
　　　社 总 机：010-83470000　邮　购：010-62786544
　　　投稿与读者服务：010-62776969，c-service@tup.tsinghua.edu.cn
　　　质 量 反 馈：010-62772015，zhiliang@tup.tsinghua.edu.cn
印 装 者：三河市人民印务有限公司
经　　销：全国新华书店
开　　本：148mm×210mm　印　张：8.75　字　数：222千字
版　　次：2023年4月第1版　印　次：2024年9月第7次印刷
定　　价：88.00元

产品编号：099287-01

引言

我是教育界一个跑龙套的。这是我对自己的一种定位。

做教育，于我而言，是偶然闯入。大学毕业后，投笔从戎，后又转至国务院经济体制改革办公室，从事调查研究和战略咨询工作，似乎与教育都不相干。

幸运的是，在那个时候，得到了导师的点拨和确认，让我认识到需要发现每一个人的使命，并且需要找到一个自己最能使上劲、最舒服的姿势，选择意味着内心的去向，而专注意味着内心有了归宿。导师的指引让我决定一生只做教育这一件事情。

从事教育工作有很多的方式，适合我的方式是"行走"，近二十年来，我踏遍中国大地，走进了近两千所学校，是校长和教师教会了我什么是教育、怎样做教育，期间，还拜访了两百多位教育家，是他们身上释放出来的光，映照了我前行的路。

在多年的教育行走过程中，我也逐渐认清了自己来世间的使命，那就是：我相信，我所成就的人、推动的人，他们未来也一定会去成就别人、推动别人，薪火相传，生生不息。事实上，实现自己的梦想和帮助他人实现梦想，本质上是一样的，这样的人生是值得过的。

在教育面前，在博大精深的中国文化面前，我始终只是一名小学生，心中对教育充满敬畏，因为心里有敬畏，渐渐也就看到了教育真实的样子。

一、向下扎根才是生命发展的方向

我们看一棵树，往往看到的是树干、枝叶、花朵、果实，但这不是真相，树的真相在根部。教育作为一个整体、系统的存在，更需要我们回到根部，从根部探究树的生长规律。教育就是生长，和树一样，向下扎根才是生命发展的方向。

做扎根的教育，就是深深扎根于中国文化的土壤，扎根于中国大地。习近平总书记说："没有文化支撑的事业难以持久。"文化用来指导我们的内心，没有了文化的北极星，教育就会失去方向。

二、教育的本来与初心

首先，教育是人的教育，做教育需要眼里有人，需要容得下不同的人，每个人各不相同，才使得这个世界如此丰富精彩；其次，教育要面对的是生命，生命自有其发展的规律，需要我们发自内心地尊重和捍卫；第三，教育是用一个灵魂唤醒另一个灵魂，只有我们自身的灵魂是高贵的、洁净的，才有可能映照、唤醒孩子的灵魂。

教育者的定位和作用是激发、引领、唤醒、协助。一是激发，教育者要做的就是树立起人的信心，不断激发其上进心；二是引领，教育者要做的是把心定在高处，身上释放出一种光，让受教育者不再感到迷茫，知道自己要到哪里去、怎么去；三是唤醒，唤醒人的内在的自觉;四是协助,受教育者需要教育者协助,这就像放牧牛羊,牛羊把这边的草吃完了,要到河的对面去,我们需要帮助搭一架桥,让牛羊过去,而过去后吃草的事情还要交给它们自己。

除了激发、引领、唤醒、协助,其他都是多余的动作,需要减去。教育之本是简洁的、诗意的,但由于某些时候我们的一厢情愿或者对人的生命发展规律的无知或者不顾,使得我们变得越来越焦虑,感觉教育给我们带来的更多是麻烦和不幸。

三、教育的实质是教育者的自我教育

孩子身上出现的问题其实都是教育者自身问题的折射。

教育者自身的文化的底蕴、德行的厚度、内心的高度和审美的境界决定了教育的水平。因此,教育的过程就是教育者不断自我修正、自我修炼、自我修行的过程。

教育者自身的提纯十分重要,如果我们自己活得稀里糊涂,就拿不出至纯的东西给孩子。提纯就是把自己放在"火上烤",把水分和杂质挥发掉,这个过程是痛苦的,但智慧往往在痛处开花。

四、美是参与并促进人的生命发展的关键因素

习近平总书记在全国教育大会上明确提出要"培养德智体美劳全面发展的社会主义建设者和接班人",并指出"美是纯洁道德、丰富精神的重要源泉。没有美的滋养的人生必然是单调的、干涸的人生"。

教育本身就是美的事业，是对生活的美化，对人心的美化，它是时间和生命的美学。让教育走近美，向美而行，以美育人，通过引导学生感受、欣赏、创造美，提升生命质量，塑造更美好的人生，这是一个永恒的话题。

五、教育的使命一是解放，二是发现

教育就是解放心灵。这就意味着，我们需要重新认识人的生命发展的主动性规律、成功性规律、阶段性规律、觉悟性规律，想方设法把人从各种束缚中解放出来，实现自主、自动、自发地成长，从而发挥生命价值，提升生命质量。

教育的另外一个使命是引导人发现自己，可以说，发现自己是人类正在进行的指向自我、回归本真的一场伟大变革的起点。发现自己，包括发现自己的定位、使命、优势、特色、天赋，让每个人找到一双合脚的鞋，从而成为最好的自己，不断肯定自己、创造自己、超越自己。

六、新时代的中国教育呼唤大先生的出现

中国之教育需要有一大批的大先生来做。

大先生之大乃仁慈与宽厚也，而非学问或智慧之渊深。孟子说，"充实而有光辉之谓大"，所谓的"大"，就是不断积善积信，蓄积日久，至于广大高明。

正如《近思录》所说，"先生接物，辨而不间，感而能通。教

人而人易从,怒人而人不怨,贤愚善恶咸得其心,狡伪者献其诚,暴慢者致其恭,闻风者诚服,觌德者心醉。""先生为政,治恶以宽,处烦而裕。当法令繁密之际,未尝从众为应文逃责之事。人皆病于拘碍,而先生处之绰然;众忧以为甚难,而先生为之沛然。虽当仓卒,不动声色。"

大先生的格局和气象,所谓"光风霁月",来自于坚守教育之道,来自于自身的不断提纯,来自于炽热的教育情怀和赤子之心以及逐渐形成的教育信仰。

七、育人的抓手是习惯,习惯决定了一个人的命运

知行合一,是人类哲学的最高成就。

懂得了很多道理,但依然过不好这一生,那是因为这个"懂"不是真懂,只是听说过,什么叫真懂呢?举一个例子,我们知道糖是甜的,黄连是苦的,这是道理,但如果没有吃过,你根本不知道什么叫甜,什么叫苦。

学到了,还要做到,做到了,还要能保持住,这叫"知行合一",知和行是一件事情,不是两件事情。在现代教育实践中,要培养习惯,也就是把正确的行为固化下来成为习惯,进而奠定为一个人的人格。

八、真正的学习是带着孩子一起走向觉悟

学习的过程是人的觉悟过程。人可能被迫学习,被迫训练,但没

有个体的觉悟，什么也学不到，有时好像也能学习点什么，但那也是触动觉悟的结果。

人为万物之灵，因为人能够觉悟事物。掌握知识之所以有深有浅，是因为对知识觉悟的水平不同，是觉悟使人掌握知识，是觉悟使人总结经验，变为自己的智慧。

孩子会不会学习与智力的关系不大，觉悟才是真正的分界线。

本书从十几个不同的角度，尝试着呈现出教育本来的样子，以及育人的整体解决方案。对于这个问题的思考和探索，是无止境的，我也还会再继续。

作者

2023年3月

| 目录 |

第一章 回到根部	2
一、往下扎根,是生命成长的方向	2
二、养树养根,养人养心	6
三、涵养土壤,疏通水利,培养人格	11
第二章 看见教育真实的样子	18
一、教育,首先是人的教育	18
二、教育面对的是人的生命	23
三、教育是用灵魂唤醒灵魂	32
第三章 教育是内心运行的过程	36
一、心外无物,心外无教育	36
二、人的内心一旦僵化,就容易焦虑、迷茫	39
三、唯有教育才能掀起心灵的风暴	41
第四章 放在教育首位的该是什么	50
一、把"德"字上供在头上	50
二、明德之人就是内心有光的人	54
三、修正、修炼、修行是人一生的任务	58
四、克己复礼,德化日常	63

第五章　教育做到极致就是文化　68
一、文化用来指导我们的内心　68
二、中国文化的四个支撑　75
三、内化于心，外化于行　80
四、一所学校的文化表达与文化提炼　83

第六章　美的教育，教育的美　88
一、天地有大美而不言　88
二、教育本身就是美的事业　95
三、创造教育的美感，挖掘人的潜在能量　99

第七章　教育者自身的提纯与超拔　108
一、人与人之间的差别在于纯度　108
二、人就分两种，一种是清晰的，另一种是不清晰的　115
三、在精神上不断超拔自己　119

第八章　教育领导力是怎样炼成的　124
一、感召力：让人跟着你，充满生命的激情　124
二、洞察力：分析问题精辟、深刻、通透，让人开窍　131
三、突破力：关键时刻敢于突破，敢于胜利　138
四、表达力：让自己的口才变好，其根本是提升智慧　144

第九章　守住教育之道　150
一、向道之心比金子贵　150
二、教育的道是王道，而非霸道　152
三、守住不变的，才能应对变化的　159

第十章　教育的情怀，教育的格局　164
一、仁爱——心怀仁慈，所见皆是美好　164
二、敬畏——教育的智慧因敬畏而生发　170
三、感恩——心怀感恩，所看见的都是感人的　174

四、包容——心怀包容，人和人之间就没有冲突　　177

第十一章　静气是最伟大的教育　　180
　　一、人有静气，脚下皆是净土　　180
　　二、遇见情绪　　184
　　三、存养心体，化解痛点　　187

第十二章　发现自己　　194
　　一、世上最难的事情是发现自己　　194
　　二、向内看是获得自由和解放的前提　　198
　　三、发现自己的什么　　202
　　四、终极的发现是找到人生最舒服、最能使上劲的姿势　　207

第十三章　带着孩子一起走向觉悟　　210
　　一、认识教与学的基本价值　　210
　　二、人之所以为万物之灵是因为人能够觉悟事物　　214
　　三、调动人的五种生命参与，促进人的自我觉悟　　219
　　四、懂学习、会学习、爱学习——形成孩子主动觉悟的
　　　　心理机制　　226

第十四章　人往高处走，沿着阶梯走　　232
　　一、学习不好，做人就没有信心　　232
　　二、阶梯式学习法——学生自主学习操作系统　　237

第十五章　我们养出了习惯，然后习惯养出了我们　　250
　　一、知行合一　　250
　　二、习惯决定了一个人的命运　　253
　　三、习惯培养的路径与步骤　　259

后记　　268

教育的根本

第一章
回到根部

一、往下扎根，是生命成长的方向

　　教育应当回到根部，洞察根部生长的力量，在这里，我们才可以看见教育真实的样子。

　　生命的成长是一个整体性、综合性、系统性的存在，我们需要辨明生而为人应该具有的方向。人要往上走，必须往下扎根，勇猛精进，止于至善，无有他途。

　　一棵树，人们更多关注的是枝叶、花朵和果实，不知道的是，得见如此之繁荣和丰收，乃因为树的根系深入而有力地向下扎。根能扎多深，树就能长多高，是另外一种生命的对称。尼采说："其实人和树是一样的，它越是向往高处温暖而光明的阳光，它的根就越要伸向黑暗而潮湿的土地。"

然而，扎根的过程是一个艰难的过程，以竹子为例。

竹子是一棵草，它是草本科的，但是它硬是拔地而起，长成一棵高大挺拔的植物，是值得我们敬畏的。

竹子用4年的时间，仅仅长了3厘米，从第5年开始，以每天30厘米的速度生长，仅用6周的时间就可以长到15米，其实，在前面的4年时间里，竹子将根在土壤里延伸了数百平方米。

竹子的最伟大之处在于扎根。根在地下沉默，只是暗暗地伸展自己，它每一分的成长比在空中摇曳的枝叶的成长要难得多，但一直茁壮成长。

根的世界我们往往看不见或者熟视无睹，但它其实是一场丰富而奔放的生命拓展的风景。

根是植物的营养器官，是植物在长期进化过程中适应陆地生活而发展起来的器官，具有丰富的功能。

首先，根支撑了植物的整个生命。植物能牢固地在地面上生长而不倾倒，主要因为有根支撑着。一般来说，根长得越深、伸展的面积越大，固着的力量就越强。

其次，根负责吸收水分和矿物质。根对整个植物来说，可以从土壤中吸收水分和氮、磷、钾等矿物质。植物生存需要大量的水分及各种矿物质，但这些物质在土壤里的含量是有限的，因此根必须不断生长，并生出许多根须来，才能深入地下，吸取足够的水分及矿物质。

第三，根承担运输功能。植物的根、茎、叶内连接着许多细小的管子即导管，当根吸收水分和矿物质等养分后，就会通过导管将这些水分和养分输送到茎、叶、花、果实等其他部分，因此，运输是根的重要功能。

根的世界宏大而精彩，根尖和根毛无时无刻不在伸展、前进，这本身就是生命之歌，是一种无声息的歌唱。植物有根方可守静，无根则东倒西歪，它的生命里流淌着天地之间的那份宁静、舒展、向上。

*

以扎根来隐喻人的成长。

树因为有了根，才能把土壤中的水分和养分转化为对生命的滋润与营养，才能把雷鸣电闪转化为伫立的勇气与力量。山间的小草也是如此，因为根扎在土里，一样柔软而坚强地生长，充满生命的美感。

怎样往下扎根？植物向下扎根时，有可能遇见的是石头、瓦砾、盐碱地，也会被很多的病虫害、细菌、真菌侵袭，因此，扎根的实质就是，面对黑暗、孤独、痛苦、无奈，仍有一份理解、接纳，理解和接纳的过程就是根生长的过程。

人的根性是什么？就是心底的善良、德行的支撑、人格的高度以及生命的担当，一个人定住了根性，无论遇见怎样的艰难和困苦，他都能不断吸收营养，产生生命的无限活力。

我们看一个人走路，有的人脚下有根，每一步都踏实、扎实；而有的人走路，脚下无根，听他的脚步声，让人觉得不安或者沮丧。脚下有根的人，永远不会倒下，可以偶尔低头、隐忍，但不会折服，即使一时窘困，站在角落里也是熠熠生辉；脚下无根的人，脚踩西瓜皮，滑到哪里是哪里，随时会被外在的所谓机会带走，一遇到大的困难，马上缴械投降。

与扎根相对的是拔根、失根，就像插花。我们的教育，在某种程度上，长期处于拔根、失根的状态，追新逐异，浮躁功利，追求表面的繁华和应景，或者照搬照套西方的各种思潮，随波逐流。

中国的教育到了扎根的新时代了。

*

根是因，是宁静的；开花结果是果，是喧嚣的。扎入泥土的根坚实、沉静，你到树林里看到翠绿的叶子、绽放的花朵，很美，这里的美，实际上是树的根向下扎的美。

教育需要离根近一些，离枝叶远一些。

教育本身包含本体性和工具性两个方面，根部发展是本体性，开花结果则是工具性。教育的工具性和本体性要结合起来，只有促进人的全面发展，提升人的生命质量和生命价值，才能更好地为社会服务，更好地为政治、经济服务。

关注根部的生长，根部长好了，树才能长大，而长大后用来做什么都可以，哪怕是一棵臭椿树，也能给路人乘凉，所谓"君子不器"。不能只是一味地争论或者强调树长大了做什么用，却惘然不顾树还能不能活得了、活得好不好。

扎根，每往下扎一寸，整个人的神态会深沉一分，觉悟出的东西就会更加深刻、清晰、坚定。不仅仅是个人，一个民族、一个国家，也只有深深扎根于自己的传统文化的土壤之中，才能屹立于世界民族之林，不会因为一时的浪潮和风向而动摇，外在的风雨和干扰只能让根扎得更深、更牢，这是文化自信，也是教育自信。

往下扎根需要有一种定力。定力，首先是定在何处？中国五千年绵延不绝的文化深厚而富有营养，个人的生命只有定在其中，才能定得住；其次是力从何来？向外求是求不来的，持续给力的是我们内心深处的良知，凡事问心问良知，那里储备了无限的生命能量，同时会提供给我们一切问题的答案。

二、养树养根，养人养心

如何看出一个孩子长大后有没有大的出息？

我们通常会说，有慧根和善根的孩子一般会有大的出息，而人有没有慧根和善根，在小的时候就可以判断出来。

慧根、善根并非智力，而是内心深处对至善至美的自觉。

举一个例子，一个五六岁的孩子看到街边一个流浪汉在垃圾桶里找吃的，终于找到了半个很脏的馒头便狼吞虎咽起来，孩子看到这里，眼泪禁不住流了出来，赶紧回家找了些吃的送给了流浪汉。

再举一个例子，一个小学生看见一个大爷推车上坡很吃力，于是悄悄跟在后头帮忙推上去，然后默默地走开，心里美美的。

这样的孩子都有很好的慧根和善根，按孟子的说法"四端"自显也就是说幼时就显露出了悲悯之苗头，长大后必成大器。

我们讲做扎根的教育，某一种意义上说，就是回到生命的原点，培育好孩子的慧根和善根，盘活每一个孩子内心本已具备的真、善、美。

*

往小了说，根就是心，要养好人的这一颗心，它是人的根性或者根器之凝聚。

中国主流文化中，从孟子到陆九渊，再到王阳明，一脉相传，最终形成了堪称伟大的"心学"，这是历史上从未到达过的一个思想高峰，王阳明先生的代表作《传习录》是关于"心学"的集大成者，对后世影响很大。

教育如果仅仅停留在"术"的层面上，时间长了，便会陷进一种小市民式的庸常与迷茫之中。教育的归宿本来就在心灵深处，我们应当引领我们周围的人往深处走，获得更深、更广的生命体验，而这需要我们重新认识教育的价值。

这需要我们慢下来，因为越慢，内心生成、积累的东西就越多。

下面我们来感知"心"这个字。

心，从某种角度来说，不在胸腔里，也不在脑袋里，而是你用在哪里，它就在哪里。比如，写字，心就在笔尖上；炒菜，心就在锅里。心是无处不在的，也是无所不至的。

心本身没有理，但我们可以用心，用心本身就是最大的理。而我们常说的"心理学"其实是指"脑理学"，这个"心"是指大脑，并非中国文化中讲的"心"。

*

教育之道本身就是安心之道。把心安住是养人养心的前提。

人在安心时心是静的，心能沉下去，做什么都能做好。

可是，树欲静而风不止，安心不易。

《金刚经》给我们的启迪是：一是安住当下，"此刻"是最好的良药，专注于当下，就不再忧虑于将来，也就能从过往中抽离出来；二是安住在无贪、无嗔、无痴的般若智慧上，身在万物中，心在万物上，让身心之间形成足够的空间或者距离，一切不好的东西，才能在这里得以转换；三是安住在发心立愿上，不断地发心，让发心引领我们走向清晰和平和，才不至于陷进思维的死胡同里。

在实践上，要修炼出安心二字取决于以下几个方面。

（一）无我

人的"自我"是有排它性的，因此，转化到"无我"需要不断缩小"自我"。做人的极致成功，不是你有多大能耐，而是大家都能接受你。

"无我"，就是把私心含在公心之内，使之不对立不矛盾。打个比方，我们也需要吃饭，吃饭是私心，但吃饭是为了更好地为社会做贡献，成就更多人，后者是公心，两者就不冲突了，心就安了。

与人交往时天天讲"我"的人，比如"我认为""我知道""我觉得"，其实是他的内心有所执念，放不下"我"，在别人眼里，反而不明智、不豁达。

（二）接受

首先是接受失败。明智的人凡事先考虑到失败，先问最坏的结果，并坦然接受它，然后往上努力。如果一开始想得过于理想，最后的结果往往与之有较大的偏差，心理落差就大。

其次是接受自己。接受自己的不足和缺点，充分发挥自己的优势和长项。

日本经营之神松下幸之助临终前和他的一位老朋友说，他的人生经验只有四个字，叫"抱残守缺"，正是因为他的三个明显缺陷让他获得了成功。松下幸之助认为自己的缺陷有三个，但每一个缺陷都让自己获得了力量。一，我出身贫寒，因此，我具备了别人没有的坚韧性和意志力。二，我小学未毕业，学历低，因此，我无法从书本上学习知识，只得听别人说，看别人行动，从而获得自己的感悟，而听来的、看来的恰恰最接近真理、最实用。三，我身体不好，经常卧床养病，很多事情只能依靠和借助别人的力量，渐渐我学会了管理。

第三是接受他人。我们会莫名其妙地对别人有要求，甚至比对自己的要求还高，那就不得不郁结于心了，时间长了，所有的痛苦就来了，根本化解不了。事实上，从某种角度来说，我们每一个人只能管自己，管不了别人，把自己管好了，也就管好了别人。比如，有的孩子在智力上可能并不具有优势，教育者不妨先接受，然后在接受的过程中，探索适合孩子的新的学习方式，拓展孩子的新的成长空间，再反过来看，会发现孩子的智力反而得以最大的提高，甚至超过一般人，这样的例子比比皆是。

*

真正的教育绝不是仅仅讲道理、传授知识，更不仅仅是开发孩子的智力，而是把自己精神的能量传递给孩子，维护孩子的心力，让他成为一个内心强大的人，一个能承担后果、应对变故、改善自身和环境的人。

人的精力分为体力和心力，但真正起决定作用的是心力。心力不够了，体力也会不足，甚至身体也会出毛病。每一个人最需要的是心力的补充，心力强大才能走得更远。

所谓培养人的根性或根器，就是维护好人的心力，这也许是教育最重要的事情。

心力往往来自于人内心道德与心理能量的长期积累。比如梁漱溟先生在解读父亲的作用时谈道，小时候他在看父亲如何和恨自己的人打交道，如何对待犯错误的人，如何对待情绪不好的人，如何对待看不起自己的人，从中他感受到了"宽容"与"大度"，从而心力倍增，受用一生。

（一）心力的第一来源是志向

志向是内在动力之根源。

首先，君子有志。君子为志向所驱使而坚持，着眼点是"我要追求什么，我要做什么"，而不是"我要得到什么"。任何一项事业背后必须存在着无形的精神力量，这就是志向的力量。

其次，有了志向后能不能坚持。真正的坚持，不是确信坚持就是胜利，而是有志向支持，无论什么结果都能接受，求仁得仁，无悔也无憾。

第三，立志任何时候都不晚。即使现在已经五十岁、六十岁，甚至七十岁，立下志向，守住它，吾心光明，至死不渝。

"立志"这两个字，看起来很简单，却隐含了深刻和丰富的教育价值，是世界上所有优秀的人的核心竞争力所在。站在历史的维度上，凡载入中华几千年史册的人，均立下了伟大的志向。志向可以调整，但不能没有。

古人讲，"三军可夺帅也，匹夫不可夺志也。"志向比一切都重要。

（二）判断一个人的心力是否强大的标准

一个人的心力不够强大时，听见人家夸奖就高兴；听见人家诋毁就郁闷。

圣贤讲"闻过则喜"，其原因是：首先，听到别人批评，意味着发现了一个可以改善之处，多么开心啊；其次，听到有人诋毁，如果是误会，"人不知而不愠，不亦君子乎"；如果别人的诋毁是出于恶意，无论多么荒谬，至少给我们提供了一个新的看问题的角度。

再有,智者善于借人之拂逆,立即反求诸己,以扩充自己的内心的边界。反之,总想着"逆我者必诛",那是小孩子打架,或者是暴君的"杀无赦",是行不通的。

需要不断求证自己的心量与心力,正如这句话:大其心,容天下之物;虚其心,受天下之善;平其心,论天下之事;潜其心,观天下之理;定其心,应天下之变。

三、涵养土壤,疏通水利,培养人格

柳宗元的著作《种树郭橐驼传》中,讲到有一位叫郭橐驼的师傅,以种树为业,城里的豪绅、商人都争相迎请他去为自己种树。郭橐驼所种植或移栽的树木,没有不成活的,而且高大茂盛,果实结得又早又多。其他种树的人,虽然偷偷地察看效仿,但都赶不上他。

有人问他原因,他的回答如下。

我并不能使树木活得长久并且生长得快,只不过能够顺应树木自然生长的规律,使它按照自己的习性成长罢了。一般说来,种植树木的要求是:树根要舒展,培土要均匀;移栽树木要保留根部的旧土,捣土要细密。这样做了以后,不要再去动它,也不要再为它担心,离开后就不必再去看顾它了。树木移栽的时候,要像培育子女一样精心细致,栽好后置于一旁,要像把它丢弃一样,那么树木的生长规律就可以不受破坏,而能按照它的本性自然生长了。我只是不妨害它生长罢了,并没有使它长得高大茂盛的特殊本领;我只是不抑制、不减少它结果罢了,并没有使它的果实结得又早又多的特殊本领。

其他种树的人却不是这样。树根卷曲不能伸展,又换了新土;培土不是多了,就是少了。有的人又对树木爱得过于深厚,担心得过了头，早晨看看，晚上摸摸，已经走开了，还要回头再看顾。更严重的，还用手指抓破树皮，来检验树的死活；摇动树根，来察看栽得是松是实。这样，树木的本性就一天天丧失了。虽然说是爱护树，实际上却害了树；虽然说是忧虑树，实际上却是仇恨树。所以都不如我啊。我其实没有什么本领，只是对树木顺其自然、遵其本性而已。

种树如此，教育也如此。

卢梭说，教育就是生长，这就意味着生长本身是目的，在生长之外并没有其他目的。教育应当使每个人的天性得到健康生长，而不是强迫儿童接受外来的知识与道德要求，和种树一样，疏松土壤，引水灌溉，让根系得到自然发展，教育就是要让人自然成长、主动学习。

另外，学习是人的高级本能，从某一种意义上说，是不需要教的，比如人饿了就会吃饭，大脑空了就会学习。

真正的教育是一种潜教育，当孩子意识到他在接受教育的时候，教育的意义已经失去。

苏霍姆林斯基曾经断言，造成教育障碍最主要的原因，在于教育实践在他们面前以赤裸裸的形式进行，而处于这个年龄阶段的人，就其本性而言不愿意感到有人在教育他。这段话具有永恒的价值。

真正的教育在于"于无声处响惊雷"，孩子学任何东西，最终都要通过自己的内化，无为而无所不为，不教而教。而传统或者流俗的教育，夸大教育的作用，认为教育是无所不能、无所不至的，认为一切教育目标都可以通过娴熟的教育技巧实现，这恰恰也是当前素质教育与应试教育冲突的内隐症结所在。

养树养根，遵循自然，遵其本性，养好根部之后，就不要再去动它，也不要为它担心。育人，也应当遵循自然，只要呵护好人的根部的生长，然后最大程度上，做到圣人不扰、勿忘勿助，人就会自己健壮成长。

＊

王阳明说:"立志用功,如种树然。方其根芽,犹未有干;及其有干,尚未有枝;枝而后叶,叶而后花、实。初种根时,只管栽培灌溉,勿作枝想,勿作叶想,勿作花想,勿作实想。悬想何益!但不忘栽培之功,怕没有枝叶花实?"

在育人的问题上,我们总是"作枝想""作叶想""作花想""作实想",而不"作根想",本末倒置,甚至舍本逐末。

根是我们内心的一种结构和状态,是我们内心那些看不见的潜意识。根是从不说话的。

教育者的生命状态是土壤,教育者内心世界的丰盈则是水利,涵养好土壤,疏通好水利,是养根之前提。

土壤的特征如下。

第一,营养。"落红不是无情物,化作春泥更护花",什么东西落在地上,最后都化成土壤本身的营养。

第二,生发。落在土里的种子在合适的时候就会向下生根、发芽、开花、结果。

第三,包容和支撑。大地对一切都是包容的,无有分别。

水的特征如下。

第一,水遍布天下。

第二,水是生命的源泉,有水就有生命。

第三,水往低处流,每到一处,循地理而行,始终站在规律上说话。

第四,浅处飘然而过,深处深不可测,深入浅出。

第五,遇百仞深谷,毫不犹豫纵身而下。

第六,绵弱、细微处,盈科而后进,无所不达,润物无声。

第七，蒙受污垢，包容化解，君子不辩诬。

第八，泥沙俱下，最后仍是澄清如初。

第九，可以把水装入任何容器，容器是何形状，水就是什么形状。

第十，装满则止，有所节制。

第十一，千曲万折，仍一江春水向东流。

土壤赋予根部的东西叫作底蕴，人有了底蕴，走到哪里都很踏实。

*

通过对根和土壤、水之间关系的认识，将教育的着力点聚焦到"养"这个字上来，可以说，人的素质是养出来的。

养和善、美等字都有一个"羊"字旁，"羊"意味着营养和美好。

关于"养"字，我们首先想到教养、修养、涵养。

（一）教养

教养是懂得基本的礼数和待人接物的常识，一言以蔽之，就是"心里始终装有别人"。在实践中，就是一个人对自己的控制力，因为对别人的控制是徒劳的，人只能控制住自己，包括对言行、表情、身体的控制。

一个有教养的人会赢得人们的尊重；而没有教养的人会遭到人们的厌弃。

（二）修养

修养是把省察和存养变成习惯。

王阳明先生讲："省察是有事时存养，存养是无事时省察。"这里讲的是"复盘"，就是随时都在反省自己。做事情的时候，边做边反省，做完了，再检查反省；不做事的时候，晚上回家三省吾身，把今天的事过一遍："为人谋而不忠乎？与朋友交而不信乎？传不习乎？"一开始会觉得这样很累，其实，一旦养成习惯，也就不累了，所谓修养，最后就是养成习惯。

（三）涵养

人的涵养包括：能涵养下自己的痛苦、艰难和一时的穷困，能涵养下他人的错误，能涵养下自己的不足。有涵养，就像莲花，根在淤泥里得到涵养，上面却盛开美丽的莲花。一个人有涵养，任何时候都会把自己君子的一面呈现给这个世界；而一个人没有涵养，随口说一句话，都会伤人。

"养"，大致分四个阶段。

第一阶段：幼儿养性——优美人格的奠定

零岁到三岁，心无分别，尘垢未染，心如明镜。这个阶段最重要的是通过正向引导与激励，怡养本性。

第二阶段：童蒙养正——圣贤智慧的陶冶

三岁至十三岁，物欲微熏，烦恼潜伏，知识略萌，性德仍净，记性犹强，悟性微弱。这个阶段，蕴养正见最要紧。

儿童身上除了与生俱来的人的属性与基因，还有一般动物均有的"童子之情"，比如"乐嬉游而惮拘检"，须恪之正之，蒙以养正。

王阳明先生讲："今教童子，必使其趋向鼓舞，中心喜悦，则其进自不能已。"兴趣是人生进步最好的动力，这就像春天时雨滋润花木，花木没有不生长的；反之，如果受到霜冰侵袭，则花木日渐枯槁。

在实践上，童蒙养正要做好三件事：一是在不知不觉中调理性情、导其志气，从而消除他们的鄙陋悭吝、粗劣顽皮；二是通过正强化而引领其自我教育、自我修为，达到中正平和而自然而然的生命状态；三是遵循知、情、意、行四步走，完善其人格，最终实现立德树人。

第三阶段：少年养志——理想抱负的鼓舞

十三岁后，知识渐开，物欲既染，心逸情泳，性向显发，悟性增强。这个阶段，启养心志是核心任务。

少年养志的三个主要目的：志趣、行为、心体。

王阳明先生讲："其栽培涵养之方，则宜诱之歌诗以发其志意，导之习礼以肃其威仪，讽之读书以开其知觉。"意思是，栽培涵养心志，一是以吟唱诗歌来激发其志趣，并释放他们呼啸跳号的精力，在音律中发散内心抑幽；二是以学习礼仪来端庄其表，养成良好习惯，并在作揖鞠躬中活动血脉、疏通筋骨、强身健体；三是以攻读经典来开启心智，存养心体。

第四阶段：成人养德——真实生命的展开

十八岁之后，开始一辈子的修行，诚意正心，修身齐家治国平天下，养德无有终时。

第二章
看见教育真实的样子

一、教育，首先是人的教育

  教育首先面对的是人，因此，做教育，心中要有人，这就是我们所说的"以人为本"。看一所学校好不好，一个很直观的看法和角度就是看校长和教师是否把学生放在中央位置。

  人的价值主要表现在人格上，教育的核心任务就是培养健全的人格。

  人格是一个人精神世界的基本构成，包括世界观、人生观和价值观。

  世界观是一个人对整个世界的根本看法，决定一个人的视觉的开阔范围。

  人生观主要回答什么是人生、人生的意义是什么、如何实现人生的价值。人生观决定一个人做事的恒心和专心。

第二章 看见教育真实的样子

价值观是推动并指引一个人采取决定和行动的原则、标准,反映人对客观事物的是非及重要性的评价。价值观决定一个人面对现实的热情和动力。

这三者是统一的,有什么样的价值观就有什么样的人生观,有什么样的人生观就有什么样的世界观。

*

教育是人的教育,人是社会关系的总和,包含了三对关系——人和自己之间、人和人之间、人和社会之间的关系。如何处理好这三对关系,尤其是教育者和受教育者之间的关系,是一个重要的问题。

关系是事物之间相互作用、相互影响的状态,是人与人之间某种性质的联系。生活中,面对亲近和崇敬的人,他/她的表扬会让我们心花怒放,他/她的批评会让我们分外愧疚;在学校,是否喜欢该科目的老师能直接影响我们学习该科目的热情;在家里,我们与谁更亲近,便更容易接受谁的教育。

与孩子的关系好,教育就容易成功;与孩子的关系糟,教育就容易失败。

当然，关系好并不是惧怕冲突，其实，冲突也不是什么坏事，在冲突之后形成的关系，更加科学、理性、稳固。

人和人之间的关系，尤其是教育者和受教育者之间的关系，最终是通过感应而建立起来的，他/她感应到了你真的在乎他/她，教育就出现了；反之，他/她没有感应到你真的在乎他/她，教育就离场了。

这里所说的"感应"，是指两颗心灵的高度默契、相互回应。甲骨文中的"教"，右边的"文"中有一个"心"字，现在的汉字经过几次重要的演化后，那个"心"看不见了，但还是存在的，从某一种意义上说，教育就是以心灵感应心灵的过程。

在教育过程中，如果我们过于依赖大脑，依赖心理学技术，依赖知识的传递，我们的心灵便失去了感知、感应、感动的能力。事实上，静下心来感知身边的每一个人、每一件物，在任何地方与每一个人、每一件物进行对话，就可以让生命生动起来；两个人之间，心灵与心灵之间相互感应，心理能量共振或互换，就是教育本来的样子；然后就是感动，很多时候，人一感动，眼泪流出来了，心门就打开了，比一万个教育道理管用得多。

从感应到感动，再到感悟，就是推动人的内在成长的过程，这里蕴含着教育的规律和路径。

*

面对一个真正的人，教育者的伟大作用在于引领。

打一个比方，孩子刚开始学习走路的时候，父母最好的位置，并非在身边扶持、陪伴，也不是在后面鼓励、呐喊，而是站在孩子前面两米远的地方，有意无意地引领，这样孩子很快就学会走路了。

相对于陪伴、驱动，更加值得强调的是引领。将教育的首要作用定位在引领上,可以从庸俗的、时髦的、人云亦云的假知识中跳出来,进入教育的另外一种真切。

引领,需要一种气度,人有了气度,站在那里就是教育。人的教育气度包含了六个度,也可以叫作六度教育。

(一)高度

首先是内心的高度。心在高处,就是遇事能从具体的事里跳出来,看见事后的规律;遇见自己的情绪,能够超越自己的喜怒哀乐,看见平静的自己,以高于情绪的理解淡化心情。在内心的高处,才能与圣贤的智慧相遇,因而得到文化的启迪与滋润。

其次是德行的高度。德高望重,德在高处,孩子对我们的仰望自然凝重、厚重。而德行的高度,主要表现在平时的言谈举止上。

第三是思维的高度。学生学不好,是因为所处的高度不够,比如打手电筒,提得越高,光照的范围越广,思维的高度越高对知识的认识就越开阔、越明白。

第四是教育本身的高度。越是高级的教育越是不功利,无用而有大用。教育到了高处,只有赞叹和敬畏;在低处,大多时候是指责和挑剔。

(二)亮度

灯如豆,却一下子占满了整个屋子,人心如灯,心亮了,一切都很清晰。从暗到亮,开始的时候看不见自己,只看见别人,现在终于看见自己了,就有了亮度。

透亮,先透后亮,教育者自己不透,学生就不会亮,会觉得暗,人最怕暗，一旦感觉暗了，就容易陷进去，教育者的"悟透自己"，就是亮度。

（三）厚度

文化底蕴的深厚决定了一个人能否站得稳、行得正。就像盖房子，有了很坚实的地基，才能盖房子。

厚度来自于每天学而有得，来自于每天把德行呈现给遇见的每一个人，日日不断，不断加厚。教育者有了厚度，坐卧行走，都是教育，如果自身浅薄，承载不了知识、智慧，就无法面对生动活泼的生命。

（四）深度

浮在水面上永远只能喝苦水，清流在深处，往深处走不易，需要承受压力，接纳幽暗和暗潮涌动。深度就是不断挖掘自己，这时，心静下来了，对问题的理解和分析的能力逐渐增强。

有没有深度，不需要语言，一眼就能看出来。教育者的深度，呈现出来的是内心的宁静和求真务实的精神。

（五）温度

我们经常讲，教育者要说有温度的话，上有温度的课，做有温度的教育，这里的温度是多少度呢？是37度，是人的体温。

教育者所讲的东西，如果没有用自己的身体焐热过，就入不了学生的心，因为学生的心也是有温度的，同温同心，两者之间内在的能量才能对接、融合、共振。

（六）纯度

我们每个人身上都有"金子"，"金子"的价值不是看分量，而是看纯度。

石墨与金刚石的成分一致，硬度却千差万别，是因为分子结构不同，内在的密度和纯度不同。生命也是如此。

教育的过程就是不断提纯、提炼、萃取自己的过程，未经提炼的心灵价值不大。

二、教育面对的是人的生命

教育面对的是生命，每个生命都是独一无二的，才让世界如此精彩，每个孩子都有其独特的发展路径和成长节奏。所以，尊重是教育首先要做好的事情。

《中庸》中提到："天命之谓性，率性之谓道，修道之谓教。"这句话开启了我们对教育进行深度思考的门。

这里的"性"，就是天赋的生命发展规律；"率性之谓道"，就是顺着、沿着人的生命发展规律，并加以修治；"修道之谓教"，这就是教育、教化。

七色花教育现象值得深思，所谓七色花教育现象，就是本来一种花只开红花，但我们的教育者非得使用所谓高新、复杂的技术机制，让这种花开出七色花来，可能也很好看，却违背了花的天性。教育的本真应当是让孩子像野花一样自然生长，哪怕开出来的是单色花。

我们经常讲,做教育要掌握人的生命发展规律,而这需要格物致知,形成正确的认识论。

(一)主动性规律

主动性是人的生命的本质属性,每个生命都是几亿乃至十几亿个精子中最主动的那个精子与卵子结合而成的。

人的主动性表明了人的生命自由发展的程度,可以说,人类进步的历史本身就是主动性不断增强的历史。

在影响教育价值的诸多因素中,主动性居于核心地位。我们经常讲,所谓教育就是不惜一切代价激发人的主动性。

在教育实践中,激发主动性的抓手是"激发上进",也就是抓住一切可能的机会,把人的上进心激发出来。

我们了解一下人的内心世界。人的内心世界,就是各种影响孩子行为的心理要素的总和,研究和了解孩子的内心世界,才能正确把握教育的真谛。

人的内心世界由人的个性、需要、价值观、态度和动机等几个要素组成,前三个要素影响和决定了人的态度,态度是它们的综合与代表,所以态度是内心世界各因素的核心。态度与外界因素结合就产生动机。在外界时间、地点、条件都适合的情况下,动机就变成行为。

如图2-1所示,人的内心世界的关键是"态度",而态度的核心却是"自主选择",这是最能体现人的主动性的成分,是一个人作为万物之灵最引以为豪的因素。激发人的上进心,就是在"自主选择"这里下功夫,可调动的要素包括个性、需要、价值观等。

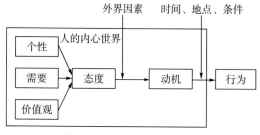

图2-1 态度、动机和行为

我们讲的"全面发展"只是表面、形象的一种说法，其内核是人的主动性，也就是马克思所讲的"自由个性"的全面实现。马克思还说，个人自由是所有人自由的前提。

"双减"是国家重大战略，事关党和国家的教育方针的全面贯彻落实，事关培养怎样的人、怎样培养人，事关一代代少年儿童的身心健康，事关几十年后国家的竞争力。

"双减"的实质是减去多余动作，其原则如下。

一是战略性原则。我们现在要做的事情要关乎孩子未来几十年甚至一辈子的发展，如果无关，都是可以减去的多余动作。

二是主动性原则。学生的学习和生活的核心是"主动性"。如果学生的行为由自己主动选择，那么再辛苦都不是负担。真正的负担是"强加"，这并非量变的问题，而是质变的问题。质变的问题交给理念来解决，即如何激发学生的主动性？

三是差异性原则。人的发展具有差异性，实现教育公平的价值内核就是关注每一个孩子的发展，因材施教，以学定教。提供给每一个孩子合脚的鞋，就是将工作做细做实，不搞"一刀切"，课堂、课程、作业等，都需要实现个性化，以学定教，因材施教。

"双减"就是减去与以上原则相违背的所有动作，剩下来的就是教育的正道、大道。

（二）成功性规律

人人都向往成长、成功，但人在反复的小成功中走向大成功，这是生命发展的基本规律。

教育需要赋予人人都想成功、都能成功的可能性。

一是创造机会，创造成功的机会以及引导孩子自我创造成功的机会。

二是顺应孩子的心理特点。成功的体验可以优化人的情感，使人有良好心情，因此，设立的目标一定要具体、适度，要符合孩子那种"可望可即才能更加努力""跳起来够得着才更加愿意跳"的心理特点。

三是及时评价。当孩子实现了一个目标，应当第一时间进行反馈或者评价，使之"尝到甜头"，孩子在不断尝到甜头的时候取得进步，当然，最高境界是引导孩子实现自我评价。

（三）阶段性规律

生命的发展具有阶段性，这也决定了每一个生命都有自己的节奏，所谓尊重，某种意义上就是不着急去打乱别人的节奏。

因为人的生命发展具有阶段性，所以，教育的秘诀是三分教、七分等，"等"的背后是一种教育者的格局，考验的是教育者的耐心。

耐心是一株很苦的植物，但果实却十分甜美。

在远古时期，人类为了追求美和圆满，开始打磨珠子或者项链……也就在这个时候，人类开始从粗糙走向精细，从急躁走向了耐心。可以说，耐心是人类美学的开端，也是手指的深度解放，从此，人类的文明开始闪耀光芒。

耐心是教育的大智慧。耐心意味着我们学会和时间交朋友，有了时间这个朋友，好的东西才会不知不觉融入人的内心，甚至发生化学反应，这样，才能出现化解困扰和纠结的契机。我们经常讲，烤鱼烤焦了，不是火大了，而是心急了。

把耐心转化为具有操作性的实践系统就是建立阶梯。

"阶梯"是人类伟大的发明之一，是让生命发展阶段性规律得以实现的工具。具体而言，阶梯把"生命阶段发展"化为了一个个可执行、可评价的步骤，使得小目标、中目标、大目标相互融合、相互配套，与简单划几个阶段不同，它有向上的、明确的标准，所以兼具价值的引领性、行动的指令性，使得人人想发展、人人能发展、人人好发展，进而激发了人的主动性。

"阶梯"既是认识论，也是价值观，更是方法论，是一个人和一份事业进步的法宝，而"梯进"两字，又是建构或建模的逻辑起点。

（四）觉悟性规律

实践表明，人的成长和发展具有觉悟性。一个人通过一段努力，能使自己的思想和行为水平迈上一个新的台阶，达到一个新的稳定的水平。

人的觉悟包含着人的自我觉察、觉醒，也包含着人的自我调控、自我解放和自我更新。人无时无地不在觉悟，只不过觉悟的程度和意义不同而已。正如爱因斯坦所说："一个人的真正价值，首先决定于他在什么程度上和在什么意义上从自我解放出来。"

教育就是在人的内心深处下功夫，提高人的悟性认识，充分呈现每个人的价值，塑造全面发展的新人。

＊

教育的本质是提高人的生命质量和生命价值，而教育的过程是用生命影响另外一个生命。

教育就是教育者的一种生命状态，当达到一种高度后，随意的流露和释放就是最好的教育。正如泰戈尔所说："教育就是传递生命的气息，而非其他。"

黄庭坚称赞周敦颐"胸中洒落如光风霁月"，冯友兰先生说他在北大当学生时，第一次到办公室去见蔡元培，有种"光风霁月"的气象，而且满屋子都是这种气象。教育的气象形成了，无须语言，人会不自觉地受到影响，如坐春风，风生而水起。

"光风霁月"是教育者最为理想的生命状态，我们把它概括为二十五个字：宁静的自信、平静的接受、喜悦的参与、优雅的从容、深远的辽阔。

理想的教育者和孩子们在一起时，孩子们能感受到：

第一，心一下子就静下来了。一个人的气场决定了能否让周围的人静下心来。

第二，觉得自己的收获很大。好的教育者应当让每一个孩子感觉到你在协助他/她进步，你在激发他/她上进，你在启发他/她觉悟。

第三，知道要到哪里去、怎么去。教育者的首要作用是把自己的心定在高处、远处，释放出一束光，人人都趋光而行，孩子在光的引领下踏上前行的路，从此不再害怕黑暗和孤独，对未来充满信心和希望。

修炼生命的状态，我们可参照孟子的要求，分为六阶：善、信、美、大、圣、神。一道一阶，勇猛精进。

第一阶：善

"可欲之谓善"，"可欲"是让人喜爱的意思。人性有善有恶，见到善人善事，人人都会喜爱；见到恶人恶事，人人都会厌恶。因此，首先要做善人，每天坚持做善事，做一个人人能接受的人。

第二阶：信

"有诸己之谓信"，如果一个人守时守信，实心实行，那么他就是"信人"。因自信而得他信，他因此会拥有更多人的托举、追随。反之，很快大家都避而远之，终而成为"穷人"，"穷人"不是经济上的贫穷，而是穷信穷困之人。

第三阶：美

"充实之谓美"，朱熹的注解是："力行其善，至于充满而积实，则美在其中而无待于外矣。"有善有信，但蓄积还不够，还不足以称之为美，唯有日久积淀而保持住，而悉有众善，充满快乐，无少间杂，则含章于内，这才能叫"美人"。

第四阶：大

"充实而有光辉之谓大"，成为有美德的"美人"，靠积累靠量变，但要成为"大人"，则要靠质变，积善积信，蓄积日久，自然显著，通畅于四肢，发于事业，以至于广大高明，自带光芒，这就是"大人"了。

第五阶：圣

"大而化之之谓圣"，大行其道，大能化之，不思不勉，从容中道，厚德载物，化育天下，能以无形之力去感化、教化、成就他人，这就是"圣人"，"圣人"大到什么程度？大到"化境"和"无形"，人们看不见他思考、努力、更新，看不见他有什么动机、作为，但又具有强大的推动力，甚至最终成为一个"传说"，到处流传他的话语与事迹。

第六阶：神

"圣而不可知之之谓神"，"圣人"再往上走，就是"神人"

了，既然是神，人不可知，他活在另外一个维度里，活在人的想象之外。

*

尊重并促进人的生命发展，需要教育者在内心里装上三个"精神软件"，这也是教育者的三个核心素养。

（一）虚

君子以虚受人，印度哲学家说："人是上帝唇边的长笛。"长笛之所以能发出优美的声音，是因为笛子是虚空的。在教育上，虚空就是把"自我"放下，容得下别人，在教育孩子的时候，向孩子学习，有问题找孩子。

有一个重要的教育理念叫"向孩子学习"，也就是说：

一是放下自我，向孩子学习。一旦有勇气向孩子学习，你将收获到的是孩子自己主动学习，你何乐不为呢？

二是放下虚荣，有困难问孩子。一旦有困难找孩子，哪怕是教育孩子过程中出现的困难，当你请教孩子的时候，他/她一定会给你一个奇迹般的答案，一定比任何高明的教育家告诉你的答案要生动、精彩、绝妙。

向孩子学习，不仅仅是对教育者的要求，还有其时代的必然原因。美国人类学家玛格丽特·米德在其著作《文化与承诺》中所描述的"后喻文化"现象正越来越广泛地影响着人们的生活，所谓后喻，就是长辈向晚辈学习。

（二）柔

草木初生的物相，就是柔弱、柔软、柔和。柔这个字，意味着生机。

老子说，"人之生也柔弱，其死也坚强。草木之生也柔脆，其死也枯槁。故坚强者死之徒，柔弱者生之徒。"意思是说，人活着的时候浑身是软的，死了才硬邦邦。草木活着的时候非常柔软脆弱，死了才干枯。

要让孩子的心灵乐于依靠从而实现引领，教育者应有一个美德，那就是让自己变得柔软起来。因为只有自己的内心变得柔软，才能缩小自己的心灵与孩子的心灵之间的距离。

柔软有时比风暴更有力量，我们的声音柔软了，就更容易传递到遥远的天空；我们的目光柔软了，就能轻巧地卷起心扉的珠帘；我们的面庞柔软了，就能流畅地传达温暖的诚意；我们的身体柔软了，就能准确地流露尊重的信念。

教育者拥有柔软的内心，教育的内容才能走向细微、走向精准，这时就可以体现出教育的力道。比如，赞美人在细微处，方显赞美的价值。再比如，爱一个人，是在生活的细节上在乎他/她、照顾他/她。

然而，让自己内心保持柔软、开放、豁达，要有一个概念的介入：牺牲自己。如果时时处处对人尊重，那么以牺牲自己为代价的尊重对孩子所产生的托举力量就越大，此时，心就不会硬化、乏力。

（三）弱

何为示弱？老子有言"能而示之不能"，精妙在于"示"。我们本身的是"弱"还是"强"、是"能"还是"不能"是不重要的，关键在于"示",这是一种超越自我的大勇气。

我们经常说大智若愚、大成若缺、大直若屈、大巧若拙等,这个"若"是"装"的意思,学会装傻和示弱是开启教育智慧的第一道门。

有人说,教育孩子"最好少一只手",就是想象自己只有一只手,那么孩子就会主动来帮助你,在帮助你的过程中学会自立、自主。

三、教育是用灵魂唤醒灵魂

教育以灵魂唤醒灵魂,这是最神圣也是最难的事情,这就要求教育者的内心一定是洁净的、高贵的,这样的教育者才是有光的、透光的。光是无声的,但它可以让世界变得温暖和透亮。

教育者内心的光,是智慧之光,是道德之光,是人性之光。光是最好的语言,教育者内心发光,行进的孩子就不会迷茫和害怕。

教育者要做的事情是把那一道光投射到孩子的心里,光之所至、所见正是教育本来的神圣与美好。

教育之难在于教育者自己低落黯淡,在黑暗中沉默,这时候再去教别人,对于他人来说,如"钝刀割肉",是一种折磨,此时,再好的技巧、方法也等于零。执着于技巧和方法的教育者,技巧和方法本身就是他前行的障碍和局限。

我们身边很多人身上都有光,但因为我们自身黯淡,所以我们视而不见,只有自己身上释放出一束光,才可以照亮这个世界。很多时候,教育并不缺乏学识和道理,缺乏的是光。

＊

教育最难的事情恰恰就是引导、协助、激发人实现自我的觉醒。

人一旦觉醒了，内心就会豁然开朗，并且整个世界变得明亮，自己知道要到哪里去、怎么去。觉醒了的孩子，不需要教；没有觉醒的孩子，教了也没用。

真正一流的人才不是教出来的，而是他自己的一种深度的自我觉醒，而教育所起的作用是唤醒，也就是说，用灵魂唤醒灵魂，本身就是一件激动人心的事情。

＊

每个人觉醒的节点都是一样的，只是出现的时机不同而已。

下面举几个例子。

第一个醒点：羞耻心

孟子讲："恻隐之心，仁之端也；羞恶之心，义之端也；辞让之心，礼之端也；是非之心，智之端也。"

这是人的精神四肢，人人均具，专注之，扩充之，放大之，即为"致良知"。

在教育上唤醒人的内在觉醒，其着力点在这四个"良知"上。我们讲教育是一门绣花针的活，主要是指瞬息之间抓住人心的微妙处，实现人的觉醒。

其中羞恶之心也就是羞耻心，是"唤醒"之命门。一般来说，做教育工作如果触及不到羞恶之心，就很难有所作为。"凡人心惭，则耳热面赤"，什么时候耳热了，羞耻心就出现了。

有一天王阳明抓到一个贼，他和贼讲良知，劝他从良。那贼大笑道："你说说，我的良知在哪里？"当时是热天，王阳明说："天太热，你把衣服脱了吧。"贼把身上的衣服都脱掉，最终只剩一条内裤，王阳明还让他脱，他怎么都不肯脱了。王阳明先生说："这就是你的良知。"不脱内裤，这就是贼的羞耻心，是义之端，如果把这羞耻心抓住，放大扩充，就会转化为他的愧疚心，愧疚心生发，他就不会再做贼了。

当人把无愧变成有愧的时候，就是他德行"生长"的时候，也是自我觉醒的转机。

第二个醒点：自尊心

自尊是一个人自我概念的总概括，唤醒一个人的前提就是呵护其自尊，一旦出现了契机，人自己会觉醒。

第三个醒点：担当心

谁让我们成人？是父母。我们对无数个案的研究表明，很多优秀的人的觉醒，是有一天或一个偶然的契机，或是父亲的眼神，或是母亲的双手或背影，让他/她体会到了父母的不容易，眼泪暗自流淌出来，就突然觉醒了。人们经常讲，这个人像突然变了一个人似的，讲的就是这个觉醒点被开启之后的状态。

学会了为父母担当，是一个人自发、自动的点，这个点具有千钧之力。很多孩子觉醒很晚，其实是父母发自本能地推迟了孩子的觉醒时间，穷人的孩子为什么早当家？因为条件不好的家庭里让孩子觉醒的机会比较多。

从为父母担当慢慢往外扩大至为他人、为社会、为国家，甚至为全人类担当，担当的东西多了，人生的动力就会很充足、很强大。

引发人的担当之心是唤醒灵魂又一个奇妙的入口。

第四个醒点：自信心

每个人心中都有一个巨人，我们讲唤醒一个人的灵魂，从某种意义上说，就是唤醒他心中的巨人。这个巨人就是信心，信心是人格的核心。

树立人的信心是教育者的一门基本功，也是唤醒人的灵魂的突破口。

什么是信心？信心任物是也，《灵枢·本神》云："所以任物者谓之心。"

人的信心从相信自己开始，在不断实现成功体验之后，人开始相信自己，然后渐渐升级为信念、信仰。王小波说："在时间里，皮囊终会老去，最后所有的光鲜都会被褶皱吞噬，而灵魂不会。"灵魂是什么？灵魂是由信心、信念、信仰组建起来的每个人独一无二的精神世界与生命情感空间。

相信自己，就是相信并仰望未来的理想的自己，并勇敢地走过去。相反，一切的"疑"，本质上都是怀疑自己，这是几千年来中国人心中的一个"痛点"，如果化解不掉，一生都会在山谷里与世俗的东西、一时的是非得失纠缠不休。

信心不断累积，就会成为信仰。所谓信仰，就是相信并仰视一生最敬畏的那一份东西，把生命放在其中去体悟、去践行，没有任何一件事能够超越信仰的高度、高贵和价值。信仰要用敬畏来捍卫，没有敬畏的人什么都不信，只信现实和功利，而现实和功利又是无限变化的，所以，其实他什么也都不信。

还有很多类似的醒点，这些醒点是通往人的灵魂的入口，也可以说是摸得到的"灵魂"，一个人一旦在这些点上觉醒或者被唤醒，推动的就是他整个灵魂层面和生命情感境界的进步和净化。

第三章
教育是内心运行的过程

一、心外无物,心外无教育

教育经常要讲理。理的本义是"顺玉之文而剖析之"。理就是纹路,所有的事情顺着纹路走,顺着规律走,才走得通。

君子做事从来循理而行,做的都是理所当然之事,不犹豫,不纠结,不用去"三思而后行",该怎样就怎样。

教育的"理"是什么?

我们每天都在讲"理",某些关于教育的文章和专著,汗牛充栋,越讲越糊涂,因为"公说公有理,婆说婆有理",还有一些人用"仁者见仁,智者见智"来搪塞,更有甚者追新逐异、索隐行怪,让人更迷茫。

教育的"理"是人的内心世界运行的基本规律,王阳明讲:"心外无物，心外无理。"心外无物，心外无教育，心不好的人是做不好教育的。

高水平的教育是用一只无形的手，去触摸到孩子内心的柔软处，一旦触摸到了，对方心动、感动甚至流眼泪，教育就已经完成了。世界上再也没有像人心这样精彩的教材，那么令人震撼。

*

教育的艰难是因为人心的艰难，而人心艰难的极致是人心的痛点。文化的意义在于化解掉这些痛点之后，剩下的就是内心运行的流畅与感动，心之所至，皆是教育。

什么是痛点？

王阳明先生说，"破山中贼易，破心中贼难"，我们的一切焦虑和麻烦，我们走过的弯路，都是因为心中的"贼"，这些"贼"就是一些错误的思想、莫名的纠结、难言的隐痛。本来靠常识一眼就能看明白的，甚至不用看就知道该怎么做的事情，因为这些"贼"的存在，反而把自己都搞糊涂了。

所谓文化，就是用文来化，化解掉心中的"贼"，从而让内心坦荡如砥，强大到任何东西都束缚不了你、局限不了你。正如陆九渊所讲，"无事时，我一无所知，一无所能，一旦到那有事时，我无所不知，无所不能。"

教育做久了的人会有一种职业病，会常常不经意间观察到人心的纠结甚至痛苦。

中医里的针灸高手最懂得什么是"痛点"，他们找到"痛点"以后，会不动声色地施一针，往往"犹拔刺也，犹雪污也，犹解结也，犹决闭也。"一针而通彻，通彻则气血充足，污气和寒气被逼出体外，身心愉悦。凡顶尖的教育家，手里也都有"银针"，都有"心药"，瞬间可以化解人的痛苦与纠结，使人"气血充足"，生命力得以唤醒，从而安心、舒心、放心，灵魂从此回家。

教育是一门绣花针的活，管理亦是。老子讲："天下之至柔，驰骋天下之至坚。无有入无间，吾是以知无为之有益。"，人心有缝隙，比如，人的自责与反省之间、责任与担当之间、愧疚与无愧之间、散乱与清晰之间等，都客观存在一条不怎么起眼的缝隙，存于或明或暗之间，教育者不经意地切入，就可以把人带到开阔的地方去。

*

人心很复杂、幽秘，要有大的心量才能化换。

其实，我们每一个人都有可能遇见小人、强梁之人、垃圾人，如果你"化换"不了，会深受其害。

"化换"就是拉开距离，形成一定空间，让你有空间把痛苦的、不好的东西转化为不痛苦的、好的东西，或者逃离它。

所谓"容易"可理解为能容则易，不容则不易，讲的就是"化换"之功。

孔子曰:"人而不仁,疾之已甚,乱也。"好仁而恶不仁,确实是美德,但是,如果你嫉恶如仇,对不仁之人嫉恶过头,他会无处藏身,事穷势迫,被逼急了,那他必然逞凶施暴。嫉恶如仇者,似乎是行君子之道,以为自己掌握真理,理直而气壮,但若处理不当,反而徒生祸乱。

事实上人人都有君子的一面,也有小人的一面。真正的君子与人相处时,首先把自己君子的一面展现出来,以激励对方也把君子的一面展现出来,万万不可把对方往恶处推。

你当他是君子,他就会展现君子的一面;你当他是小人,他就会展现小人、恶人的一面,乱也。

二、人的内心一旦僵化,就容易焦虑、迷茫

教育者之所以出现莫名的焦虑和迷茫,往往就是因为自己的内心僵化了,陷于自己挖的坑里出不来。

人心的僵化主要有以下四种。

(一)逢迎——警惕"苛求让所有人满意"

有了逢迎的心理,就会特别在意别人对自己的看法,在和人交往时,对别人的语气、表情特别敏感,生怕别人对自己不满。

逢迎之人会在每一件事上都希望得到每一个人的认可和好感,把别人对自己的评价看得高于一切。自己心中缺乏稳定的自我定位和客观评价,当他得不到别人的赞许时,心中就会郁郁寡欢。

要消除自己的逢迎心理,首先就要记住一条基本事实,这就是:

"我们不可能让所有人满意"。

（二）攀比——警惕"羡慕嫉妒恨"

人有了攀比之心，就会有一种错误的认识，那就是世界上的一切事情都应该是公平的，每一个人都应该具有一样的条件、享受一样的待遇。

其实，这是一个空想，也是人性的弱点。世界不可能是绝对公平的。人吃鸡，鸡吃虫，虫吃草，能公平吗？万物相生相克，公平是相对的。

具有攀比之心的人所强调的"公平"，从根本上看，还是看自己吃没吃亏。他们总喜欢和别人比得失、比成败，而比的结果总是抱怨、嫉妒、不满，也就是"羡慕嫉妒恨"。

比较是少不了的，真正的比较主要是为了看看自己有哪些有利条件和不利条件，以便扬长避短；看看人家有哪些长处，以便学过来为我所用；看看自己现在和过去相比有没有长进。

（三）自封——警惕"本性难移"

自封就是故步自封，不愿再改变自己、发展自己。

常常听到人们说这样一些话："我这个人不知道怎么搞的，总是这样。""我这个人老爱丢三落四的。""我这个人说话就是这样。""我这个人特别爱激动。"等等，这是在强调他的本性难移。

初看是自谦，是自己放低自己，实际上的含意则是："我在这方面的毛病是改不了的，我今后还会这样做，只有请您多多原谅了。江山易改，本性难移嘛。"

语言的反馈或暗示作用是很大的。比如，起初自己可能只是在个别事情上犯了粗心的错，但是为了开脱自己，老是强调自己是个粗心的人，久而久之，就会真的事事粗心。

（四）稳妥——警惕"不求无功，但求无过"

世界上有智慧的人，比如爱因斯坦、达·芬奇、贝多芬、牛顿、华罗庚、钱学森等，他们和我们一样，都是普普通通的人。唯一不同之处在于他们敢于探索未知，敢于走别人不敢走的路，而一般人则往往害怕探索未知。

苛求稳妥，就是因为他们把未知和危险联系了起来。新东西总含有未知因素，对于未知因素人们就没有把握，而没把握去干就是冒险，冒险就可能失败。而苛求稳妥心理的人要避免未知和冒险，他们追求的是"不求有功，但求无过。"其实，无功也是一种过错。

具有稳妥心理的人还有一种表现，即无论做什么事，都得先理解，或者找到理由才去干。在对自己事业上的重大问题做抉择时，要做一些理智的分析，但如果事事都要追问理由，说不出理由就不能去干，就是一种人心的僵化。没有吃过糖，怎么知道糖是甜的？

三、唯有教育才能掀起心灵的风暴

（一）教育者内心运行的"曲"与"枉"

教育是一个动态的过程，因此，并不存在某一个万能的方法，而是在动态之中把握转换和调整的节点和时机。

教育的过程也就是内心的运行过程，是曲而非枉，即"曲则全，枉则直。"

这就像一条河的流动，是曲折而前行的，它在曲折处积蓄能量，当内在能量积蓄到一定程度时就突破，继续往前走。

而当河流在弯曲处积蓄能量时，鱼虾生物就能在这里生存，处处见生机；反之，如果一味地"直"下去，一泻千里，什么也养不住。

"曲则全，枉则直"，意味着教育者要会收敛和含蓄，为学生生命的生长、生命能量的积蓄留出空间。

教育的过程是委屈教育者自己、成全孩子的过程，这里的委屈实质是另外一种喜悦。委屈就是因形就势，无为而治，这里的"形"是孩子外在的言行，"势"是孩子内在的心理，等孩子的信心树立起来后，无声无息地做回自己。

先贤圣哲讲"坐看云起时""春来草自青"，分明指出了生命的本质特征：从某一个角度上来说，一切都是水到渠成，而非努力的结果。因此，教育者应当让自己的内心流畅起来，做到：随时、随性、随缘、随喜。

有这样一个故事：

禅院的草地枯黄了一大片，小和尚向师父申请："咱们撒点草籽吧，好难看。"

师父挥了挥手说："随时。"

师父到山下买了包草籽，叫小和尚去播种，可是正好一阵风起，草籽边撒边飘。小和尚回去和师父说："师父，不好了，好多种子都被吹飞了。"师父说："没有关系，吹走的多半是空的，撒下去也发不了芽，随性。"

撒完种子，半夜一阵骤雨，小和尚早晨冲进禅房："师父，这下可真完了,好多草籽被雨冲走了。"师父说:"冲到哪儿,就在哪儿长,随缘。"

一个星期过去了,原本光秃的地面,居然长出许多青翠的草苗,一些原来没有播种的角落,也泛出了绿意。小和尚高兴得直拍手,师父点头说:"随喜。"

(二)教育者内心运行的"自省"与"自责"

自省和自责是有区别的。

自省是先接受自己,允许自己犯一定的错,适当降低大家对自己的期望值,然后养成自省的习惯。自省的目的是:下一次如果遇到同样的问题,我是否可以更有智慧地去处理?另外,自省的时间应该在第二天的早上,面对初升的太阳,吸收天地之正气,得到最佳的自省效果。

自责是不能接受自己,一有错就责备自己,埋怨自己,时间长了,蓄养为一种自己化解不了的心理疾病。自责并非"反求诸己",而是"祥林嫂"式的悲哀,许多教师和家长被拘束在这里,不容易跳出来。

对于孩子来说,自省和自责之间,有一条或明或暗的缝隙,把光照进去,引领他们走向自省的道上去,他们就觉悟了。

(三)教育者内心运行的"隐忧"与"隐化"

隐的本义:"不显曰隐。"很多事情的真因被隐藏起来,我们看到的往往是表象,透过表象,把隐藏起来的、背后的真因找出来,才可以一步一步解决问题。

教育者内心运行的一个最大的特点是隐忧，是心里隐隐不安而不得放下，表面上装着没事人一样，内心却充满焦虑和担忧，悱恻而不忍。隐忧是有声音的，是心底不断的敲打声。

我们应当把自己从"隐忧"中解脱出来，方法是学会"隐化"，即控制住自己的情绪，将孩子一时的变化暂时深埋于心底，不体现出来，给孩子留出自己调整的时间，教育的最高境界是：不动声色，化于无形。

（四）教育者内心运行的"说服"和"说动"

人是无法被说服的，企图说服别人本身就是给自己挖的一个坑，这个坑叫作"我执"；说服别人也是给别人身上加上一把枷锁，这个枷锁叫作"就范"，戴着这个枷锁的孩子得不到自由。

但人可以被说动，被说动后，心门就打开了，阳光就可以照进去，因为内心有了光，自己便知道要去哪里、怎么去。说动不是让人觉得有道理、有收获，而是让人不假思索直接去行动。

教育要跳出说服的坑，努力去领悟说动的真谛。如果说不动，最好立即闭口不谈。所谓大师，就是能说动人立即去做、去行动，而不是苦口婆心去说服人。

（五）教育者内心运行的"逃避"与"面对"

所有发生的事都是我们生命的组成部分，不要去逃避。逃避让人乏力、无奈。

我们每天遇到问题，是因为我们的心尚在低处，没有能力去解决问题，或者说，所谓的问题，是在你认为是问题的时候才成为问题。

对于问题，不如选择面对，面对即放下。而回避问题，问题就会成为我们的心理负担。

选择面对，不惧怕问题，想到就去努力做到，在做的过程中提高自己的认知水平与精神境界。

选择面对还意味着从对过往的懊悔、对未来的担忧之中抽离出来，专注于当下，把手头上的事情做好、做到极致。对过往的懊悔以及对未来的担忧没有意义，一切的意义在当下，活在当下的人，至少他的人生是无憾的，无憾即有意义。

选择面对，实际上就是把问题摆在桌面上。摆在桌面上并非立即就可以解决它，但我们可以正视它，不遮掩，不推诿，君子坦荡荡。事实上，没有任何一个问题一下子可以解决，均需要遵循因果关系，循序渐进，渐渐地我们就能看清问题的起点、本质和过程，在过程中认识自己、驾驭自己。可以说，所有的问题的出现都用来考验我们的心理和耐性。

教育或人生所要面对的问题，情理之中，意料之外，层出不穷……与其逃避问题，不如优雅从容地去面对和解决问题。

（六）教育者内心运行的"责任"和"担当"

担当与责任不同。担当是主动的、幸福的，而责任是被动的、痛苦的。

我们主张，在教育的过程中只谈担当，不谈责任。

越有担当的人，他的动力越强大。学习好的人，最深沉的动力正是他内心里的担当。

长期以来，我们的教育只是鼓励竞争、鼓励出人头地等，却缺少渗透进去一个重要的价值观："担当"。一个人越有担当，就越容易受到别人的尊敬；反之，就会批量地出现"精致的利己主义者"。

林则徐的诗中有云："苟利国家生死以，岂因祸福避趋之。"多数人一听，为国效力太大了，我担当不起。其实不是担当不起，而是在拒绝担当。人都想趋利避害，但是趋利未必得利，避害未必无害，趋利可能葬送了自己，避害可能损失了最大的利益。

担当是没有声音的，很安静。比如，我们装修房子的时候，承重墙是不能动的，它从不喧嚣，只是静静地担当。

几千年来让中华民族屹立不倒的，并非那些政客、巨贾、社会名流，而是那些民族之脊梁，比如孔子、孟子、文天祥、王阳明、林则徐等，他们选择主动担当，为苍生济，为往圣继绝学，为万世开太平，他们才是真正的民族之"承重墙"。

（七）教育者内心运行的"名"和"实"

务名与务实之间是或明或暗的、模模糊糊的，教育者有必要划清这两者之间的界限。

王阳明讲："务实之心重一分，则务名之心轻一分；全是务实之心，即全无务名之心；若务实之心如饥之求食、渴之求饮，安得更有工夫好名？"

中医有一个"上医治未病"的道理。什么是名医？有起死回生之术的是名医，有智名、有勇功。而真正的"上医"，即最高水平的医生，不是治病，而是治未病，未雨绸缪，避免人得病。

真正的上医一般成不了名医。这和我们教育界一样，真正的高手，往往没有什么太大名气，他也不在乎，但他"其心光明"，且"游刃有余"，一切致力于学生的成长、成才，是地地道道的"明校长",而非天天炒作、动静颇大的"名校长"。

我们经常讲,做教育要"三分好看,七分好吃",关键是那个"七分好吃",好不好吃,能否培养出一流的人才,只有自己知道。

如果终端成功了,对于"好不好看",不那么重要,谁叫你是高手呢,高手就必须耐得住寂寞。

什么是终端成功?这就像用电饭煲煮米饭,一会儿揭开看看有没有煮熟,一会儿又让人围观其中是否有变化,到最后饭就夹生了。正确的方法是:放上适量的米和水,盖上盖,"静待花开"。时间到了再打开,一锅米饭香喷喷,又好看,又好吃。比如,中高考是终端成功,平时考试的那点得失,又算得了什么。

*

教育根本没有那么深奥,我们每天面对的所谓的"问题",都是因为教育者的内心处于低位而导致的。

我们经常在遇到事情的时候感到纠结、揪心甚至痛苦,或者一件事情做久了,内心缺乏一种支撑的力量,所以渐渐就厌倦了、应付了,都是因为心处在太低的位置。

心处在山谷里,那里有猛兽、毒蛇、细菌、病毒,我们的心始终在那里和它们做斗争,所以就痛苦不堪。

心和身拉开距离,就有了"容",大其心容天下之物,有容乃大,人和人之间最本质的区别就在于此。

"居高声自远,非是藉秋风",这是唐代诗人虞世南的名句,"居高"自能致远,而非秋风传送,诗人这种独特的感受蕴含了一个教育的真谛,即我们的内心须始终立在高处。

做教育的人要看得起自己，敬重自己，并真诚地弘扬神圣的东西、高尚的东西，你周围的人因为接触你而显得高贵，所以他也就愿意接触你。反之，如果我们的心里只有低俗的、功利的、现实的小东西、小算盘，天天谈论怎样发财、怎样出名，我们怎么去引领未来？

教育应当是我们心灵所到达的高度，而非其他。高山仰止，景行行止。虽不能至，然心向往之。

第四章

放在教育首位的该是什么

一、把"德"字上供在头上

所有的宗教、文明都指向一个地方：道德。这是全人类、全世界的普世追求和归宿。

在中国五千年的文化传承中，德这个字举足轻重，从尧、舜、禹以德立国开始，一以贯之，一直在主导着中国人的文化生活、精神空间甚至情感世界，也是我们自我修养的依据。

"德"是几千年来中国教育的总任务，其本身也是育人的价值内核，即"立德树人"。

中国人是"德"这个字的信徒，把这个字种在心里，慢慢生长，才能成为一个真正的中国人。

孟子有人爵和天爵之说。所谓"人爵"，就是人努力争取来的

第四章 放在教育首位的该是什么

社会爵位，如处长、司长、部长、董事长、总经理、局长、校长等；所谓"天爵"则是自然爵位，指人自身的德行修养，是别人拿不走的"富贵"。

古人修天爵，人爵自来。今人修天爵，是为了得到人爵，得到后，天爵也就抛之脑后了，最后人爵也终将失去。

*

孔子讲，"知德者鲜矣"，真正体会到德这个字的巨大力量的人不多。

知德，要知道什么德呢？张居正讲，义理得于心者谓之德，真的通透了，心里明亮了，活明白了，你就体会到"德"这个字的真切了。

德行厚重的人，无论自己心里多苦、多难，他总是把自己美好的、喜悦的一面朝向他人，朝向外部的世界。因为，在他的内心里，有一种由内心深处涌动出来的信心与敬畏，带着他穿越一切世俗。

德行厚重的人容易喜悦。有的人容易生气、郁闷，一点小事就让他暴跳如雷，心理学上会认为他性格上有缺陷、脾气不好，实际不然，真正的原因是他德行浅薄。

德行厚重的人悦纳任何人，却不会去讨好、谄媚别人，但是，他到哪里，都有人把他照顾得很好，不是因为他的智慧与学识，而是他身上流淌出来的仁慈、厚重，让景仰他的人心灵得以滋润。

德行厚重的人才能更好地安顿好自己的心灵。一个人的德行在什么时候表现？在遭遇苦难的时候，在被别人误解的时候，在内心受委屈的时候，在身处逆境的时候，在与社会地位低于你的人相处的时候……这不是依靠处世技巧，而是靠德行。

*

"德"这个字是进入宏阔的中国文化的一道门。

我们知道，德与才两者兼备才称其为人才。司马光认为，没有德作为灵魂，才就不是真正的才，也就是说，才就是德，德就是才，合二为一。

钱穆先生讲："唯有道德的建立，才能让人的才能得以施展。"能保证我们天赋里面最强大的优势得到发挥的东西，只有这个"德"字。德行越厚，世俗的干扰越小，心无旁骛，人的才能渐渐就被释放出来，最终达到巅峰状态。

《中庸》有言："故君子尊德性而道问学，致广大而尽精微，极高明而道中庸。温故而知新，敦厚以崇礼。"这是我们每一个生命扎根、升华的过程，也是中国人独创的修德凝道的经典模式。

（一）尊德性而道问学

尊是敬，对于道德始终保持敬畏心，这是一切修养的基础。恭敬奉持天理，然后"道问学"，通过多问多学，对于事物发展的规律，穷尽其理而无遗。

（二）致广大而尽精微

致是推及本心，本心不为一丝一毫的私欲所蒙蔽，所以广大高明。尽精微，理在精细微妙处，故须在细节上驾驭自己，做到不差毫厘，惟精惟一。

（三）极高明而道中庸

中庸之道是极高明的。不偏之谓中，不易之谓庸。中者，天下之正道，庸者，天下之定理。只有心定在高处，行事"执两用中"，才能高明、悠远、博厚。

（四）温故而知新

温故知新的含义是，不急于学习新的东西，不断在旧的知识上温习、涵泳，在不同时期、人生的不同阶段不断会有新的收获。

（五）敦厚以崇礼

敦是敦笃。敦厚，就是把已经掌握了的知识再加厚，不断沉淀。崇是积累。德不是挂在墙上的道德要求和行为准则，而是化于日常的礼，礼积累起来就成了德。

二、明德之人就是内心有光的人

天下最明者莫如日月,所以古人以日月为明,引申为人心里的光明。

我们经常讲,什么叫走运?碰见了明白人、内心有光的人,就是走运。

很多人取"明"这个字作为自己的名字,我想必有深意。有必要用这个字时时检视自己,自己真的是一个"明白人"吗?

吾心光明、明德不危、心如明镜台……在中国文化中,用"明"字组成任何词语,逃脱不了《大学》三纲里的第一纲"明明德"。

"明明德",第一个"明"是使彰明、弘扬的意思,而后面的"明德"的意思是,那德本来就是光明、明亮的。

明德之人就是内心光明的人。内心光明的人对他人、对自己没有对抗,一切都在内心的光照下,对隐藏在事物背后的美好与秩序了然于胸,不着急,不纠结。

内心的光明,来自于:

首先是行有不得,反求诸己。把空间留给别人,尽量不麻烦别人。

其次是吾性自足,不假外求。我们自己身上就有别人拿不走的"富贵",践行自己崇尚的圣贤之道,一条一条活出来,把心安在山顶上,让心最先照耀到旭日之光,这样,内心明亮,就不会被任何问题难倒。

第三是心怀大愿,发扬义理。心中有义理,生活中自然而然表达义理、扩充义理,越是讲义理,人和人之间的冲突就越小。

朱熹讲,"具众理而应万事者",所有的道理你都懂,所有的事情你都能处理,可为什么不明了呢?这是因为被人欲所蒙蔽。遇到一件事情,本来知道应该如何处理,但存了私心,心不正了,就不明了。为什么我们看别人的、无关自己的事情很清楚,而看自己时就模糊了呢?就是这个道理。

教育者的内心应当是有光的,"明心见性",心亮着,就能领会言外之意,听到话外之意,能看到更远的地方。

*

德这个字,平时用来养心,关键的时候用来救命,也就是"明德不危"。

有人说,人生艰难,随时祸从天降,使人陷于危困之中。所谓"人心惟危,道心惟微",所以,有志之人须时时上供、中修这四个字:"明德不危"。

刘向的《说苑》讲到,颜回将西游,问于孔子曰:"何以为身?"孔子曰:"恭敬忠信,可以为身。恭则免于众,敬则人爱之,忠则人与之,信则人恃之。人所爱,人与之,人所恃,必免于患矣。"

恭,"恭则免于众"。对别人始终保持谦恭,就不会得罪别人。而你骄傲、狂妄,就总有人看不惯你,说不定哪天就有暗箭射来。

敬,"敬则人爱之"。你对人尊敬,别人就喜欢你。一个人如果自己敬慎端庄,没有一点过失,那别人自然喜欢你;反之,自己举止轻佻或者言辞放肆,自己不自重,别人才会讨厌你,侮辱你,这叫自取其辱。

忠,"忠则人与之"。你一贯事人以忠、尽己之心,那么谁都愿意把事情托付给你。

信,"信则人恃之"。信,诚也,不自欺,不欺人,你承诺的都能办到，别人就会依赖你、信任你。

其实，恭、敬、忠、信，没有人不知道，谁都懂，但理解的深度不够，等于不懂、不知。

"明德不危"，其真正的力量在于，把恭、敬、忠、信每一个字活出来，此时"如有神助"，一切都会水到渠成。

*

德为道之容。这里的容，有两层意思。

首先，是容量的容。有德之人，他的内心容量和格局很大，就像一个很大的容器，知识、才华、财富来了，他装得下。反之，德行浅薄，器量太小，装不了太多的东西，所谓"德不配位"，手里拥有了很多的财富和权力，反而会招来祸患。

其次，是容貌的容。

孔子说，"年四十而见恶焉，其终也已。"这句话的意思是：一个人如果到了四十岁，还让人厌恶，那么这辈子就算完了。

教育者应该为自己的相貌负责。

《孝经》中讲到人的可观："君子则不然，言思可道，行思可乐，德义可尊，作事可法，容止可观，进退可度""言思可道"，讲话考虑能否为人所称道；"行思可乐"，做事考虑大家高不高兴；"德义可尊"，品德道义值得人尊敬；"作事可法"，做事可以成为先例让后人效法；"容止可观"，仪表风度令人欣赏；"进退可度"，一进一退掌握好分寸。这样，人们对你有敬、有怕、有爱，这叫"可观"。

曾子则认为君子的"耐看"，要看三个方面：一是"动容貌，斯远暴慢矣。"容貌庄重，便可以避开别人的粗暴和轻慢；二是"正颜色，斯近信矣。"端正颜色神态，就能取信于人；三是"出辞气，斯远鄙倍矣。"说话言辞语气要适当，就能远离粗鄙之俗。

所谓相貌，相是指一个人的精神面相，一个人活在自己的角色定位和内心秩序之中，有方向感、节奏感、秩序感，别人和他在一起，会觉得很舒服；貌是指一个人的面容，德行厚重的人，面容是温润的；而心中充满怨气和功利的人，面容是冷漠甚至是狰狞的。

一个人怎样才会让人心生厌恶呢？我们还是来听听圣哲先贤怎么说。

第一种是"称人之恶者"，就是习惯于说人的不好，特别是在背后喜欢说他人的坏话，更让人心生厌恶。

第二种是"居下流而讪上者"，人在下位，但总在背后对上级"讪言之"，对领导要有忠敬之心，要是不满可以辞职，在一天，就应当忠敬一天。更加严重的是，当面装着尊敬的样子，背后则出言不逊，这种人更容易让人心生厌恶。

第三种是"近之则不逊，远之则怨"。有一种人，和他亲近相处时他不懂得谦逊有礼，被疏远了就怨气腾腾，这实际上就是孔子所讲的"小人"。当然还有"强梁之人""执拗之人""自我放弃的人"等，都是圣人们认为"让人心生厌恶的人"。

教育者的内在修为的高低和贫富都会写在脸上，是掩饰不了的。

*

一流的教育者的生命状态是怎样的？

我们的答案是：让人喜欢你，和你在一起很舒服，在你面前，学生可以敞开心扉，什么都愿意告诉你，甚至愿意把自己的问题彻底暴露在你面前。

尤其是最后一点，愿意把自身的问题暴露在你的面前，让你"下药诊治"，这一点尤为重要，就像一个病人愿意把平时不愿意示人的隐私和病痛暴露在医生面前一样，其实，这时问题已经解决了90%。

教育者的生命状态的基础正是德行的厚度。具体而言，是子贡总结孔子的五个字：温、良、恭、俭、让。今天来看，孔子的威仪与温和，因为这五个字的概括，依然生动地展现在我们的眼前。

教育的理想状态就是让人活在自己的"温良恭俭让"之中。

温，温和，对人的态度无一丝粗暴，让人舒服。面求温，言求缓，不以自己的急去催化别人的乱，让人在自己的温暖中找到生命的节奏。

良，平易正直，与人为善，吾心光明，无一丝矫饰，真诚直抵人心，也就是用良知唤醒良知，在良知这个地方，我们才可以拿捏自己的语言和行为的分寸。

恭，心有敬畏，对人恭敬，无一丝傲慢，如此方能让所有人都接受你。敬畏别人或者让人感受到你的敬畏，等于把别人放在高于自己的维度上去看待，这才是"庄敬"的真正含义。心有庄敬，才能赢得更多人的托举，心无庄敬，无法赢得别人的尊重。

俭，节制，不放纵自己，任何时候不放松对自己的要求，同时收敛和缩小自己的欲望和期待，给人留出自我调整、自我反思的空间。

让，是"恕"，是"谦让"，舍得把好的东西先让人，不好的东西尽量不让人遭遇，或者自己拿过来不动声色地化解掉。

三、修正、修炼、修行是人一生的任务

德要靠活出来，而不是挂在墙上的警句或者满嘴的仁义道德，越

是使劲表达自己的德行的人，往往越是缺德，这是伪君子或者小人的表现。

"德"用来约束自己，只对自己，不便与外人言。

德当然是修出来的。修就是果决地摆脱自己的舒适区，把自己的身心放到更高的痛苦区去磨砺、锻造，从而不断去伪存真，留下极纯的东西，那份极纯的东西，就是我们内心深处的道德。罗曼·罗兰说，一个人从平凡到伟大，没有不可逾越的鸿沟，而在于他不断自拔和更新罢了。

修的前提是要有向道之心，也就是对大道、对真理充满渴望和期待，这时，好的东西落到心里才能长出根来。

*

孔子讲"修己以敬"，敬是修的最好的姿势，没有敬，就不会信；不会信，则难以将之身体力行、化为己有。

发自内心地敬天地、敬圣贤、敬规律、敬老师、敬上级、敬同事，还要敬水平比你高的人。

一般而言，敬是教不出来的，而是教师、父母自己先做到，孩子慢慢会去模仿。

相对于"修己以敬"而言，更进一步的是"修己以安人"，这句话解决了人为什么要不断修正、修炼、修行的问题。

"修己"做什么用呢？不仅为了提高自己的境界，更加明显的价值是"安人"。这里的"人"是指周围的人——你的上级、你的部属、你的学生、你的家人，只要你有很好的修养，所有人都能安心生活，安心做事。

*

修身进德的实践，首先是修正。

正就是"守一不偏之谓正"，修正，是对正的认知和回归。

修正，在实践上就是把邪的东西、不好的东西拦截在身体之外，每天拦截，以日日不断之功走向崇高、走向理想的自己。

（一）学正学，走正道

老子讲，"大道甚夷，而民好径。"明明大道就在眼前，但人们总是喜欢走捷径、走小道，总是试图弯道超车。事实上，一不小心就会翻车。

学习需要学"正学"，需要"正本清源"，从根本上学，这就意味着要拥抱中国文化之主流，兼收西方文明成果，形成一个自己的正学体系。

任何一个时代都有很多歪理邪说，他们善于抓住人性的弱点，乘虚而入，控制人心，但无数的事实证明，歪理邪说只是暂时麻痹人，除了少数人会"走火入魔"，大多数人走了很远以后，还回到原点。

（二）守正、收敛

守正就是守住规律、守住常识、守住经验。

守正意味着始终知道自己是谁，该站在哪个角色里说话做事，始终知道自己知道的不多，所以每天坚持学习，以学习为人生最大的志向。

守正意味着做任何事情都要慢一些，饭要一口一口吃，路要一步一步走，因为没有一件事情是一下子可以彻底解决的。

守正还意味着学会收敛，收敛自己，就是放下自己的执着和局限，不给别人挡道，小自己而大他人，小我而大天下。教育者的收才能换来学生的放，收和放之间，这是一种平衡。

*

修身进德的实践，其次是修行。修行，修的是言行一致、知行合一。

只有经历过深入而真实的生活，品尝过欲望、迷茫、浮躁以及它们所带来的负担与苦恼，才可能产生厌离之心，一旦企图出离，企图改变，就开启了修行的大门。

修行或学习是为了获得智慧，为了提升内心的高度，为了改变自己对事物的认知方式、理解模式与心理境界。

（一）修行的过程

就是把学来的东西放在事上磨，然后有所得而心生喜悦，这种喜悦积累多了，心就静下来了。白居易诗云：

身适忘四支；
心适忘是非。
既适又忘适；
不知吾是谁。

这正是修行之后到达自由王国的写照。

（二）修行的关键

就是立即行动，在行动中不断强化和印证自己的德与慧，也就是"活出来"。

（三）修行的内容

就是修一颗广大悉备之心，实质就是修一颗公心。一个人只为自己考虑，只关注自己的痛苦，不在乎别人的感受，他就会被私心所控制，他的心也永远只能在山谷里，和功利、得失、浮躁纠缠不休，痛苦地过完一生。

可是，人都有私心，怎么办？办法只有一个，不要让公心和私心对立，把私心藏在公心里面。

*

修身进德的实践，第三是修炼。

修炼就是把自己浮躁的心架在火上烤，把虚荣、贪婪、侥幸烧掉，剩下的那点不多的东西，就是人的生命的精华凝聚，是"舍利子"。这个过程是痛苦的，但痛苦是生长智慧的因，圣贤的所有的智慧都是在痛苦中体悟到的。

在西方文化中有"炼狱"一说，但丁的《神曲》中描述的"炼狱"计有9层，生前犯有罪过但可以得到宽恕的灵魂，按人类的七大罪过，分别在那里忏悔罪过，洗涤灵魂。而对于我们来说，"炼狱"是一种拟人化的说法，就是人的修炼是一个过程，是经历一个境界又一个境界，逐渐达到不朽的高度，也就是孟子所说的"夭寿不贰，修身以俟之,所以立命也。"

奥斯特洛夫斯基写就《钢铁是怎样炼成的》一书,堪称经典。保尔的形象是人类不断修炼、不断砥砺的形象。主人公保尔在凭吊牺牲的战友时,抒发了一段内心独白:"人最宝贵的是生命,生命属于人只有一次。一个人的生命应该这样度过,当他回首往事的时候,他不会因为虚度年华而悔恨,也不会因为碌碌无为而羞愧;这样,在临死的时候,他就能够说,我整个的生命和全部的精力,都已献给世界上最壮丽的事业——为人类的解放而斗争。"这段独白为我们不断修炼自己、萃取自己提供了一个座右铭。

四、克己复礼,德化日常

德并非什么高远难行之事,只在行走坐卧之间,每次应事接物待人时,都想想圣人或者老师会怎样做,然后我也这样去做,这叫德化日常。

比如:

走路。不要走在长者前面,要跟随其后,舜、禹、周公、孔、孟都是这样,我也这样做,那我就是有德之人。

送客。孔子送客送到门口,站着遥望客人远去,一直到看不见了才回屋。我也这样做,那我就是有德之人。

洒扫。舜、禹、周公、孔、孟都窗明几净,我也每天这样做,那我就是有德之人。

吃饭。孔子食不厌精、脍不厌细,饮食有度有节,我也像孔子一样讲究,那我就是有德之人。无数事实证明,人的内心很多痛苦只需要好好吃一顿饭,可能就化解了,可是如今,尤其都市中人,多少人吃饭吃得不香，这并非一个小问题。教育的真谛可能就在认认真真地、充满敬意地吃饭之中，细细地嚼得久了，一口米饭、一个馒头、一口咸菜也有其独特的甜美与余韵。

端坐。孔子席不正不坐，我也这样，每次把椅子放正了再坐，且坐有坐姿，那我就是有德之人。

照顾。出门时，看到有人需要照顾、帮忙，连忙予以帮助，且乐于助之，圣贤这样做，我也这样做，那我就是有德之人。

恭敬。对任何人都像对待贵宾一样恭敬于心、诚意正心，圣贤这么做，我也这样做，那我就是有德之人。

……

德就藏在日常的小事情里，在每一件日常小事上去模仿、追求，时间长了就积德、得道了，得道了再去行道、传道，这就是教育。

*

这是一个真实的故事：

一个妈妈带着8岁的儿子跟团出国游。

前两天集体吃饭的时候，她把儿子喜欢吃的菜都挪到他面前，完全不顾同行其他人吃惊的表情、异样的眼光；饭后乘车，她拉着儿子冲到前面抢占前排座位；到了景点，为了照相出"效果"，她让儿子攀爬雕像……

随后的几天中，大家渐渐跟这对母子保持距离，特别是集体吃饭时，他俩身边的座位总是空的。

旅行结束准备回国，儿子突然问妈妈："为什么大家都不理我们？"这个妈妈却说："我们也不要理他们，以后谁认识谁啊！

儿子其实已经察觉到自己和妈妈似乎不太受欢迎，最后终于忍不住问出来，可惜的是妈妈却没能觉醒。

良好的教养不是为了获得他人的称赞，而是为了更好地适应社会和发展自我，但前提是"克己复礼"。

克己是贵族精神的内核。有人问，为什么富不过三代？答曰：如果没有紧紧抓住"克己"这个精神内核，不要说三代，一代也很悬，之前的"富"可能只是侥幸。

克己就是人和人之间、人和物欲之间拉开一定的距离，让心有足够的空间，这时人是自由的。对于诱惑，觉得好的就去拿，甜的就去吃，美的就去争、去占有，这不是克己。

克己就是自律。人向上走很难，需要严格的自律，向下走则很容易，放纵即可。着迷于浅层次的、快捷的感官层面的满足，一旦成为习惯，人就再也不会去探寻心灵上的美好与深刻。

*

德往小了说是礼，礼日积月累就成了德。德化日常就是活在自己的礼敬之中。

礼的本义：本恭敬而节文之曰礼。中国文化中，礼是贯穿始终之线索，其起点是《周礼》。它和《仪礼》和《礼记》合称"三礼"，对礼作了最权威的记载和解释，对中国文化的影响极为深远。

礼是什么？礼是人和人之间最恰当的距离。有礼之人容易赢得别人的关注和托举，他的礼就是庄严自己、尊重自己的开始。

首先，礼是一种内心的秩序，内在秩序感强的人，站在人群之中，会无声息地改善他所处的环境；而内在秩序感弱的人，外在环境很容易影响他,一旦没有监督时,他还会去破坏这个环境。

其次,礼是一面镜子,有了镜子,人就能看到自己的存在价值。行走在礼中的人,是有分量的,行稳而致远。

我们讲礼数,这里的数包括距离、顺序、大小、长幼、尊卑,礼数就是在他人面前的自我定位。

第五章

教育做到极致就是文化

一、文化用来指导我们的内心

为什么要讲文化？文化是一个民族的根和魂。在教育事业中，理想主义一定会战胜实用主义，最大的力量一定是价值的力量、文化的力量，这是不争的事实。

只有在深厚的中国文化基础上立出来的教育才是真教育、大教育。面对人的精神结构呈现出来的虚弱、纠结、迷茫和困难，以及中国教育遇到的深层次的问题，须从文化的高度上做出回应。

这个认识需要不断加深、加厚，因为没有了文化的星空，教育就如同丢失了北极星。

德国哲学家雅斯贝尔斯曾提出"轴心时代"的命题，是指大约两千多年前是人类文明的重大突破时期，各个文明都出现了伟大的精神

第五章 教育做到极致就是文化

导师,中国的孔孟、老庄以及差不多同时期的诸子百家,古印度的释迦牟尼,古希腊的苏格拉底、柏拉图、亚里士多德,以色列的犹太先知们……他们提出的思想原则塑造了不同的文化传统以及思维方式,至今还一直深刻地影响着人类。

*

中国文化的演变发展,分为两个阶段:第一个阶段,秦汉之前,以孔孟儒家、墨家、道家为正宗,兼以诸子百家,是一个百家争鸣系统;第二个阶段,东汉末年佛学进入中国,到宋代渐渐与中国文化融合,形成儒、释、道三家大店,自此以降,以这三家大店为正宗,兼以其他学问,又形成了一个不断更新、逐渐完整稳固的文化系统。

按南怀瑾先生的解读:儒家像粮食店,是天天要吃的。我们最离不开的东西是粮食,三天不吃,肚子可能会出毛病;佛家像百货店,里面百货杂陈,样样俱全,有钱有时间,就可去逛逛,买和不买不重要,社会需要它;道家则像药店,不生病不去,生了病非去不可。

南先生还进一步指出,对于个体而言,应当是将之内化为三个修行的境界,即儒为表,以礼为中心,修炼纯正的德行;佛为心,保持慈悲清净；道为骨，保持内在的坚强和挺拔，所谓"仙风道骨"是也。而要说最让我们受益的，毫无疑问是儒家经典，尤其是《四书》，有人说，《四书》是"中国文化的母体"，我们都是从那里来的，我们每个人的呼吸都与之息息相关。

再有，一百多年以来，面临中国积贫积弱之困境，以共产党人为代表的中国优秀分子，以谋求中华伟大复兴为根本使命，开创了生动而充满活力的革命文化体系，以及新中国成立以来几代人创造出来的社会主义建设文化，自强、担当、敢为、创新、以人民为中心等，增强了中国文化的生命力与自信心，也奠定了中华文化复兴的三件法宝：实事求是、独立自主、群众路线。

众所周知，"文化自信是更基础、更广泛、更深厚的自信，是一个国家、一个民族发展中最基础、最深沉、最持久的力量，没有高度的文化自信、没有文化的繁荣兴盛就没有中华民族伟大的复兴。"中国教育的未来，更需要全力推动建立文化自信，这是教育该有的担当。

*

"有没有用？"是当下人们装在神经系统内的一个"软件"。待人、接物、临事、交友时，第一个条件反射就是——有用，还是无用？

这个"软件"致人穷困、平庸，但又不容易卸载，比"新冠"病毒厉害多了，因为它直接寄生在人的神经中枢之内。

许倬云先生说过："现在的知识分子是网络知识分子，是检索机器，不是思考者。"这让我们触动。

人们习惯于满足自己"已知"的那一点东西，自以为是、执拗、争执，他们不知道的是，"未知"才是统治这个世界的"主"。

已知的，都是"有用"的，是看得见的；未知的，都是"无用"的，是看不见的。人的愚蠢是只相信看得见的、有形的东西。

我们越来越需要去做一些"无用"的事情。

无用方为大用。惠子说臭椿树大而无用，庄子则说，臭椿树无用而无工匠顾之，是其大用，移到广袤的旷野，可供人们乘凉、歇息。

文化的鲜明特征正是"无用而有大用"，就像我们走路，我们脚印以外的部分都是没有用的，但假如除去脚印以外的部分，我们的每一步面对的都是万丈悬崖，你还敢走路吗？

文化是非逻辑性的，大脑往往无法理解它，因为文化是用来指导内心的。文化和知识的关系，类似于道和术的关系，有知识未必有文化，有文化也未必就有知识。

文化不远人，我们日常的衣食住行就是我们的文化，我们天天活在文化里，就像鱼活在水里，只是我们没有意识到。

*

教育本身就是对文化的传承，所谓"焕然复明，薪火相传"。

张载讲："为天地立心，为生民立命，为往圣继绝学，为万世开太平。"这正是对"传承"两字最精辟的概括。

哲学家赵越胜先生还讲过一句话："燃灯者在佛家是指片语可开悟人的觉者，贩夫走卒，引车卖浆者皆可为燃灯者。"教育者都应当是燃灯者，都应当承担薪火相传的使命。

或者干脆说，教育就是传承。

传是由古到今、由上而下的传递、成全、分享；承，是充满敬意和温情地接过来，化在自己的身体里。传承的实现与到达，需要有两个先决条件。

一是传，传的东西必须经过提炼，用自己的身体焐热，别人才可能接得住。

二是承，有人传给我们，我们能否接得住取决于我们是否拥有一颗谦卑而积极的心灵。传与承，是两者之间精神的互养与心理能量的共振，一厢情愿是无法完成的。

传承的实质就是让文化介入人的生命重建，让文化陪伴孩子的成长，孩子就有了一种依靠，从此，遇到坎坷和黑暗都能面对或者化解。

让文化介入人的生命重建，就是通过我们对文化的参悟，唤醒我们内心深处沉睡的良知，从而实现与中国文化某种深层次的对接。

让文化介入人的生命重建，也是教育的基本定义，对于教育者来说，就是把祖先传下来的那点不多的真东西放到心里，用身体焐热它，一条条活出来，内化于心，外化于行，然后用生命继续传承下去。

*

对文化的参悟，当然不只是为了增加知识或者懂得更多的道理，而是为了打通我们的心路。

心是有路的，沿着心路走，则可以无须思考、无须选择、无须犹豫，往前走一定通畅无阻，心路通了，则功到自然成。

打通也可以叫开窍，就是把我们自己学到的东西活出来，言行一致，知行一体。

心路究竟是什么路？其实质是良能良知之路。

圣哲云："人之所不学而能者，其良能也；所不虑而知者，其良知也。"人不需要学习就会做的,这叫良能;不需要思考就可以知道的,这叫良知。

良能良知是天性,是直觉,是人类独有的高级本能。

打通心路就是带着温情和敬意,走近圣贤,走近经典,通过一道一阶的学习,化在我们自己的身体里,不断沉淀或者提升我们的文化底蕴。

教育的最高境界是用文化开启人的内心。先贤圣哲悟出来的是高维度的智慧,我们凝视那些智慧,那些东西渐渐就化入我们的心里,直至消失不见,从凝视到消失,这是攻读经典的真实的过程。

关于攻读经典、打通心路,有以下几个原则。

(一)未之能行,唯恐有闻

懂得了很多道理,却依然过不好这一生,那是因为对于"道理"只是知道、理解,并没能去一条一条活出来,如此,懂得的"道理"越多,可能还会更迷茫。

圣贤讲:"未之能行,唯恐有闻。"其含义是:知道并深信了一个"道理",那就结合实际来参悟,在还没有化在自己身体里之前,害怕知道第二个道理。

"未之能行,唯恐有闻",要求我们建立"当下"的概念,修行实际上就是此身、此时、此地。

(二)圣人之道,道不远人

王阳明提出了"人人皆可为圣人"的修身心法。

首先,圣人不分大小。人与人之间,差别不在重量,而在于成色或纯度，比如，人家是尧、舜、禹，而我是一名中小学教师，但我能做一名全中国最好的教师，成色也不差，我们要做的事情是，把我们身上的优势和长处反复提炼，充分发挥，就会成为一个有光的人，也就几乎是圣人了。

其次，圣人是模仿出来的。我们今天遇到的事情，大抵圣人也都遇到过。读经典时可以进行比照思考，遇到一件事情、一个问题、一个麻烦、一个小人，想想如果圣人也有同样的际遇，会怎么想、怎么做，很快就会有答案，时间长了，就无所不知、无所不晓了。

第三，圣人之道，在于日用常行。道化日常，就是每次应事、接物、待人的礼，而不是口头讲的仁义道德。

（三）在事上磨

王阳明讲："人须在事上磨，方立得住，方能静亦定，动亦定"。意思是，只知道静养，而不知道在克制自己、磨炼自己上下功夫，这样一遇到事就会动摇。人一定要在具体事情上磨炼，才能立得住，才能做到静也定、动也定。

我们很少有东西是在书本上学会的，大多数东西都是在实践中自己总结、反思、体会到的，然后再看书，有共鸣，有印证，最后总结提高、系统整合。

（四）你若记得，未必晓得。你若晓得，不必记得

有学生问王阳明先生："老师我读书总是记不住怎么办？"王阳明先生是这样回答的："你若记得，未必晓得。你若晓得，不必记得。"

言下之意是,你读书学习,是为了改变自己、提升自己、获得智慧,学到一点,自己去做,做了有体会,那么,记不记得住原文有什么关系?记得它有什么用,用作谈资或炫耀?确实没必要。

所谓"晓得",就是"清晰",就是"明白",也就是"心知肚明",这是学习的真正目的,脱离了这个目的,学习反而会成为负担。

二、中国文化的四个支撑

所有的文化最终都会沉淀为一种人格。

中国文化的四个根本精神,不仅是中国文化自信的四个支撑点,更是让教育者和孩子们人格更加稳定、扎实的四项精进。

(一)第一项精进:大而能容

"大其心容天下之物","容"为"包容",也就是接受差异,把别人身上不好的东西拿过来化掉。

太阳之所以永恒,乃因为太阳什么都照耀,山顶上的、山谷里的、角落里的,好的、坏的,太阳是包容的。

山之所以永在,乃因为山是一个平台,在这个平台上什么都能生长,不论草木、猛兽、细菌,均可生机勃勃。真正的包容,是把自己修成一个平台、一个生态,平台是无极的,无极即"大而能容"。

江河湖泊之所以气象万千,乃因为把自己放到了低处,天上下了雨,各处支流汇合,均流至江河湖泊,形成主流的基本面。

世间能永恒的事物皆因大而能容也,所谓"厚德载物"。

我们经常讲看别人不顺眼,是因为自己修养不够。修出大的心量,需要在对人、对事的小的地方去把握,包容是在细节上磨出来的品质。

(二)第二项精进:刚而不屈

刚主要讲的是骨气与血性。但,刚不是莽撞,而是超越理性的一种气魄与胆识。

刚而不屈通常表现在危难困境之关键处,是一种更高层面的先天觉性。刚直不屈,按吾之体悟,通常有以下的要求。

不弯腰,不下跪,咬牙挺

古人讲"穷且益坚,不坠青云之志"。坚守自己的定位、志向、使命,义理在先,咬牙坚挺,无论遇到多大的挑战或者诱惑,不弯腰,不下跪,因为膝下有黄金。这里的"穷",并非贫穷,而是人生之绝境。网上流传一句话:"人生实苦,但请你足够相信。"这句话确实有智慧。

智慧与勇气同在

所谓"狭路相逢勇者胜"。血性主要体现在对生死的一种看透,一种置之度外。面对强大的敌人,不退缩,不惧怕。

中国历史上面临过无数次的外敌入侵,尽管历尽坎坷,但最终都取得胜利,乃因为我们这个民族的优秀分子在关键时刻挺身而出,以极大的智慧和勇气担当起了"承重墙"的作用。

勇猛精进

刚而不屈也指一个人在求知、做学问上,要有一种湖南人的"霸蛮之气",大道直行,不断挑战自己,勇猛精进。而有志于学,方能勇猛精进。

坚定地走向未来理想的自己

真正的刚直与勇敢是坚定地走向未来理想的自己。

知止而后有定,且能站在未来看自己。给自己设定一个远大的志向,按其志向的标准严格要求自己,小处不可随便,惟精惟一,守死善道。

教育上,要警惕缺钙,缺钙的教育是危险的教育,人格中的刚而不屈往往比知识渊博、学术精湛要重要得多。

(三)第三项精进:中而无偏

为什么我们的国家叫中国?这个"中"或许是偶然,或许是必然,因为"中庸之道"是中国最高的智慧。

"中庸"在字面上的解释即"中道及常理"之意,而执中又当求"致中和",主要讲人与自己、人与人、人与社会、人与自然之间的关系要达到一种均衡,形成一种稳定的秩序。

孔子说"中庸不可能也",也就是说,那是做不到的,只能作为一个标准去追求,去努力接近。

无限接近,做到极致,即"中庸"。在实践中,"中庸之道"可以理解为"中道",怎么守住"中道"是关键,可提炼为以下五个准则。

过犹不及

做事做过了头,就如同做得不够一样。"过"与"不及"之间有一个度,这个度叫"实事求是"。

己所不欲,勿施于人

守中道某一种意义上就是守忠恕之道。"忠"即"尽心","恕"即"将心比心",其实都是让自己的心归位的问题,心归于心的位置，心为官，它就能管住各种感知、欲求，就能达到"中和"。

"己所不欲，勿施于人"，这个准则要时刻放心头，并争取在日常细节之中做到100%的纯度，人就有可能达到"中庸"之悟境。

素其位而行

《中庸》讲："君子素其位而行，不愿乎其外。"意思是君子在自己所处的位置上行使自己所奉行的道理，从来不会倾慕本位之外的东西。

守中道意味着要归位、定位、到位，始终站在自己的角色和位置里说话做事，充满敬意地把手头上的事情做好、做到极致。

内圣为王

中国历史上，凡卓越者均自觉选择了"内圣为王"的道路。

内圣是成就中庸之道的方法，当然也是心灵的纯洁和灵魂的升华，是"不可须臾离道"的精神状态。而修内圣为王，一靠"内省"，类似于基督教的"忏悔"；二靠"慎独"，可以理解为高度的自律，内心清净，本根不摇。

执两用中

"执两用中"是中国智慧的集大成者。意思是掌握过与不及的两面情况，而取其中道。

《书经》云："人心惟危，道心惟微，惟精惟一，允执厥中。"这里的"允执厥中"，也可以叫"执两用中"，是执两端、用其中的意思，在教育上就是平衡。

（四）第四项精进：正而远邪

邪气的力量往往很强大，很容易进入人的内心，身上有邪气的人，一眼就能看出来。

正气一旦在心里生根发芽，人就会有一股"光风霁月"的君子之气象，就有了强大的感召力与气场。

我们未必能抗拒邪气的东西，所以要时时主动去拦截它。

一个人正气足，释放出来的气息是香的，但正气的东西很平静，平静的东西是不说话、不折腾的，而邪气的东西就像广告，喧嚣动人，一定要抓住你。

正气的存在形式是柔弱的，它比较清高，你不理它，它也不理你。凡是正气比较足的人，他一般不去迎合、献媚、讨好别人，因为他有足够大的能量，德行厚重，人们都会敬重他。正气乐于接受什么样的人呢？能抬头看见它的人，或者能弯腰的人，你得很努力，摆出恰当的姿态，正气才会来滋养你。

而邪气的东西一般有以下几个特点。

一是邪气的东西一般都很"美"。有毒的东西大多很美，比如云南的毒蘑菇，色泽鲜艳，食用后让人暂时感觉很舒服。人为什么任性？为什么懒惰？因为可以获得一时的舒服。

二是邪气能够拒绝正气的参与。邪气重的人，正气的东西进不去，只对邪气的东西感兴趣。

三是让人相信它的真实存在，就像手机上的游戏一样，吸引你，让你欲罢不能。

我们很难拒绝邪气，因为邪气直接冲我们的人性弱点而来，很容易把我们身上的正气直接覆盖掉。但邪气的东西会让人的痛苦不断加重，引诱你选择更邪的东西来麻醉自己，"借酒消愁愁更愁"，就是用邪气遏制邪气，然后痛苦和忧愁不断加重的写照。

所谓"正而远邪"，就是孟子讲的"我善养吾浩然之气。"养出一股浩然之正气，邪气的东西自然就不敢靠近。

三、内化于心,外化于行

中国人一讲精神,就讲自立、自主、自强、自足、自律、自觉等,因为我们的血液里流淌了一种基因,就是"求己"的文化基因,这个基因是中华民族之所以几千年屹立不倒的根本。

对于教育而言,求己的文化意味着一切教育都是自我教育。

教的本义:"上所施下所效也。"教育其本质是教育者通过学习和修行,实现内心成长之后沉淀下来,也就是内化于心,外化于行。

郭思乐老师讲:"没有人能够知道春风的颜色,只有当它吹拂山川和田野;没有人能够知道教育的发生,只有当它们让学习者的心灵扬起风帆;没有人能够知道孩子们的灵慧,只有当他们自由地思考和实践。"

这段话是对"教育如何发生"最好的诠释。

我们常讲,教育是用我们的生命活出来的,然后用自己的生命去影响生命,用灵魂唤醒灵魂,其至少包含以下四层要旨。

(一)你站在那里就是教育

最具价值的教育并非传授知识和道理,更非控制和管理人的言行举止,而是不断修正自己、修行自己、修炼自己,形成一种良好的生命状态,这时候,身上有光,你站在远处或高处时像一盏灯,让人循着那光走去。

教育是心灵与心灵之间的感应,是生命与生命之间能量的流动,互相滋养,而非其他。

（二）敬畏教育

教育是神圣的，因为它来自几千年的传承，来自远古文化的启迪和昭示，所以我们需要敬畏。只有立足于对教育本身的敬畏，才能让每个孩子成长为自己理想中的模样，这是教育的出发点，也是教育的终极目的。

（三）教育给我们的生命带来什么

教育者的生命应当有着不竭的内在能量，并借助于丰富的想象力而显现得更加绚丽多彩、卓尔不群。

需要不断了解清楚的是教育在我们生命中的位置，教育究竟能给我们自己带来什么。是幸福，还是苦难？是享受，还是麻烦？这取决于我们和教育之间的关系的界定。

（四）把教育当作信仰

把教育当作信仰，这就意味着，应当让教育进入生命的核心中去，人的生命也会因此充满激情和无穷的创造力。换言之，真正的教育是用生命来做的。

站在信仰的高维度上来看教育，是另外一个世界。越是功利的教育，其所处的维度越低，越是高维度的教育越是不功利，所做的工作在常人眼里甚至是无用的。高维度的教育只有赞叹和敬畏，低维度的教育大多是指责、批评甚至谩骂。

＊

文化的"化"是值得我们一生去学习的。

把祖先、圣哲传下来的不多的那点真骨血，化在自己的身体里、血液里，是为"内化"。

接收的知识、信息多了，化不掉，就会渐渐沉积在大脑里，变为大脑里的脂肪，让人变得愚蠢，一身书呆子气，所以要学会感悟，学会打通，直至知行一体，是为"悟化"。

眼前是一座山，本来是障碍，不动声色之间，"化"成一条行得通的路，此为"点化"。

坚定地走到教育一线去，充分调动五感——视、听、触、味、嗅，化为对事情高级的认知，是为"感化"，因感而化。

化还有"美化"一说，对人心的美化，对生活的美化，对世界的美化等。教育做到最后，就是以文化人、以文育人。

虚云大和尚修行到最后，就三个字——不生气。为什么他能做到不生气？因为来了不好的东西，他都能"化"掉，用什么来"化"，用"文"来"化"，是为"文化"。

教育是人格化的，而教育者的状态，包括定力、精神特质以及战略目光，构成了一个化境，教育者的自我修炼形成一种气场、气派、气象，让靠近他的人，能够不知不觉化掉身上的不安、狭隘、局限甚至痛苦。

化还是教育的四个关键期之一。在金文中，"化"是两个"人"，与此相似的，"比""从""北"都是两个"人"，有人把这四个字确定为教育的四个关键期。

"比"——幼儿阶段，人通过比较来认识自己、认识他人和整个世界。

"从"——小学阶段,通过模仿、听从、照做的方式,学习掌握知识、技能。

"北"——小学高年级或初中,两个"人"字是相背的,意指通过叛逆、冲突、犯错、反思来建立自我概念。

"化"——高中及成年。两个"人"之间开始建立一种潜移默化的影响关系,通过内化于心来实现自我教育,此为"化育"。化育就是启发人的悟性,悟性是学习的最高境界,它的表现形式有:未卜先知、举一反三、去伪存真、触类旁通和心有灵犀等。而人的悟性是在无功利、无压力、无恐惧的心境下,通过自学、自问、自疑、自答、自赏、自娱等一连串的顿悟过程而获得。

四、一所学校的文化表达与文化提炼

文化育人是教育的最高境界。对于学校来说,需要构建学校文化,对于家庭来说,需要沉淀家庭文化,以文培元,以文化人。

文化育人意味着不仅需要把脉诊断、提炼萃取教育的认识论、价值观和方法论等,还需要梳理实践的模块与评价,使之成为一个从理念到实践的体系。

文化需要表达。以做一所有文化的学校为例,我们提出一个观点:学校应该是一个语言的集团。

这里的"语言"有可能是办学理念,也有可能是校训、校风、学风、教风,是一套具有实践性的话语体系,因为有了这一套话语体系,学校才成为一个整体大于各部分之和的文化集团、育人集团。

一所学校经过实践、沉淀、升华,会形成一套好的话语系统,这几乎揭示了学校文化的全部秘密。

＊

话语就是权力，话语就是感召，话语就是行动。学校文化的作用往往在制度到不了的地方呈现，而建立话语体系是构建学校文化最为简洁的一种方式。

《中庸》里讲，"王天下有三重焉，其寡过矣乎！"也就是天子有三件事情要做：议礼、制度、考文。

这里讲的"考文"有两重含义。

一是制定文字规范，书同文，文同词，这是中央政府定的。

二是词同义，即确定字词的定义，这也是中央政府定的。

也就是说，建立一个国家，其中第一件事情就是编写自己的"新华字典"，先统一语言。我们知道学校的原动力在于学校文化，命脉也在于学校文化，而建立一套独有的话语体系，对每一个词的概念性定义和操作性定义做出准确界定，就形成了学校的文化半径。

我们将学校话语体系的要求定为五句话：一听就能懂，从来没想到，再也忘不了，用起来真有效，自己成一套。

学校话语系统由字、词、句构成，选定字、词、句，不断凿深凿透，用身体焐热，使之发光、发热。同样的一个字"德"，同样的一句话"没有爱就没有教育"，不同的学校对其有自己独到的界定和实践的支撑，然后成为学校的话语权杖，以此类推，所选定的每个字、每个词、每句话融会贯通，就成了学校的理念文化和行动纲领。

我们有幸参与了将近二百所中小学的学校文化构建提炼工作，这些学校均渐渐建立了自己的话语体系，这是学校整体文化建设的一个侧影，但又是学校文化的精髓所在。

举一个例子，北京市第一七一中学在十年时间内，逐渐生成了一套独具一格的话语系统，也是其学校文化的一种经典表达。

1. 做有层次无淘汰的教育。

2. 经营好每一位学生。

3. 因为有了我，一七一中学更美好。

4. 大气成大器。

5. 合者上，能者上，乐者上，勤者上，优者上。

6. 用先进的理念引导人，用正确的管理凝聚人，用积极的文化激励人，用团队的智慧成就人，用科学的方法点拨人，用服务的精神帮助人。

7. 坚持三优培养目标：让优秀学生出类拔萃，让普通学生超越平凡，让潜质学生获得成功。

8. 大教育融于小活动，大思路融于小课堂。

9. 小成功靠个人，大成功靠团队。

10. 做十种人，即为人师表的高尚人，团结谦让的开明人，淡泊名利的大度人，扶正压邪的正直人，提高质量的明白人，学术研究的带头人，开拓创新的聪明人，立足本行的实干人，身心愉悦的健康人，品味生活的现代人。

11. 胸怀大爱做小事，小事因我而精彩。

12. 你有多大本事，学校就为你搭建多大的平台。

13. 没有落实就没有基础，没有高度就没有高分。

14. 变说法为做法。

15. 课改从改课开始。

16. 你是天下第一，也要由天下第二来帮你。

17. 一以贯之，持续改善，凡事彻底。

18. 今天我们不负学生，20年后他们就会不负我们的国家和民族。

19. 各选所爱，各研所长，各成其才。

20. 面向全体，不失一生。

21. 只问耕耘，不问收获，静待花开。

这套话语系统，对于北京市第一七一中学来说，是一种活出来的文化。有教育专家研究后发现，其中每一条谚语都符合义理，背后都是教育的规律和价值的指向以及行动的号令，都带有强烈的人格化特征。首先，校长自己一条条先活出来，然后用人格影响人格，用生命影响生命，推己及人，由近及远，再到班子成员，再到每一位教师、每一位学生甚至家长，螺旋式上升，形成了一种强大的文化力量。

如今，该校的每一个成员都用这些谚语级别的"话语"在对照自己，言行一致，知行合一，进而化在自己的血肉里、骨子里。我们说北京市第一七一中学是一所有文化的学校，由此可见一斑。

提炼、梳理、固化学校话语系统的原则。

一是用中国的话语方式来建构和表达教育学的基本概念、原理、命题。当前，我们迫切需要创建中国自己的教育学。

二是开创学校话语系统，须抓住教育的本体、本质不放，这也是教育面向世界所必须坚持的原则。

三是一所学校的话语系统，必须是"立德树人"这个共同价值的校本化。

四是具有极强的实践性或操作性。一所学校的话语系统，不是一堆口号的集合，应当是具有实践性的行动纲领，这样才能转化为教育生产力。

第六章
美的教育，教育的美

一、天地有大美而不言

美的本义："物之善者曰美"或"美人之善亦曰美"。

美这个字看上去就很美，每一个笔画都是开放的、对称的，无与伦比，美不胜收。美是人类最深的哲思，为世界赋予意义，让人生充满色彩和光芒。

哲学家张世英先生讲，人生有四层境界：欲求境界、求知境界、道德境界、审美境界。审美境界为最高境界。

美即秩序。天地万物之所以美，正是因为其存在一种秩序，一种规律，对称的、先后的、上下的、四时变换的等。人的生命在顺应这种秩序和规律时是美的，是顺利的，是可以得到天地最好的照顾和呵护的。

美就在那里，并不复杂，也不需要更多的道理。但是，如果一个

第六章 美的教育，教育的美

人的内心丑陋不堪，美懒得走进去，他便感受不到美的存在。

美在教育中的定位与作用至少有以下几点。

（一）美为我们赢得空间

美并非终点，美开启我们的五种感知器官，让我们产生兴趣或热情，兴趣或热情会带领我们进入一个不曾去过的宁静空间，在这个空间里，没有喧嚣，没有对错，没有计较，内心无限自由，做什么都能做得好，也就是说，美可以为我们赢得空间，这是美之所至。

（二）美提升人的内心高度

美意味着高雅，美不仅可以提升人的内心高度，而且可以涵养一个人的教养水平与优雅气韵。

（三）美意味着希望和可能性

每一次感受美的过程，实际上是感受希望和可能性的过程。希望和可能性正是教育最关键的因素。没有美的参与，人很难找到一个角度，让自己对未来怀抱美好的希望。

（四）美帮助我们从拒绝中解脱出来

如果你一直觉得自己过得不好，真正的原因是你一直在拒绝美好。

而拒绝美好实质是拒绝自我，你把心门关上了，阳光照不进去，心田里杂草丛生、混乱不堪。别人给你美好的东西，你也接不住，你在犹豫，在否定，在艰难地制造自己的困境。

所有的美好和不美好都来自我们的判断，合乎心意的就是美好，不合乎心意的就是不美好。可是，人的心意是有局限的，我们不能活在自己的局限里，应该用更加开阔、柔软的心灵迎接当下的一切。

（五）美的发现源于谦卑

对美的发现与鉴赏须保持一颗谦卑之心，只有这样，我们的"心眼"才能打开，才能平等地、有教养地去看见美的存在，哪怕是一块普通的石头、一棵小树、一捧家乡的泥土，即使再不起眼的事物，都有其伟大之处，其内在都存在一种极致的和谐。

*

美藏在我们的日常生活之中，比如衣食住行，无处没有美的印迹。

比如，我们讲，一家人在一起好好地吃顿饭，穿一身舒适的衣服，就是顶级的家教。

（一）一家人在一起好好地吃顿饭

教育之道是日用常行之道，而不是玄而又玄地宣讲道理。最好的家教就是一家人在一起好好地吃顿饭。

我有一位大学同学，是天津静海人，至今最爱吃的仍是他母亲蒸的大馒头和大葱蘸酱，在城市里待久了，他有时会觉得没有精神，但只要抽空回到静海的农村，吃一顿母亲亲自蒸的大馒头和大葱蘸酱，回来立马就精神百倍，简直是一味治愈系的良药，屡试不爽。

父母下厨做的饭，在孩子的味蕾里留下永恒的味道，甚至会让他们形成一种精神上的依赖性，伴随他们的一生；父母做的饭是有能量的，可以滋养人心，让人在精神上得到极大满足，不过，如果做饭的时候带着不好的情绪，那不好的情绪也会进入饭菜里面，家人吃了以后反而会心神不定。

饭无好坏，只要心情好了，一个馒头、一道咸菜、一杯白开水，仔细体会，皆是有滋有味，回味无穷。教育家夏丏尊先生前去拜访弘一法师，吃饭时，见弘一法师只吃一道咸菜，看上去还有些发霉，但他吃得津津有味。夏先生不忍心地说："难道你不嫌这咸菜太咸了吗？"弘一法师回答说："咸有咸的味道。"饭毕，弘一法师手里端着一杯白开水，夏先生又皱皱眉道："没有茶叶吗？怎么每天都喝这无味的白水？"弘一法师又笑了笑："白水虽淡，但淡也有淡的味道。"

（二）着衣是容易被我们忽略的审美教育

唐诗云"慈母手中线，游子身上衣"，游子身上的那件衣服，不管流浪到天涯海角，都会有一种牵挂、一种思念、一种情怀，这是中国文化中独有的一种现象。

在很多人的童年记忆里，到了春节，家里再艰苦，也要想方设法给孩子们做一身新衣服。过年穿新衣服几乎成了一代人集体的情结。

今天，物质条件改善了，已经不再穿母亲亲手做的衣服了，也不必眼巴巴等过年穿新衣服了，但衣服作为一种具有审美记忆与身心所系的物品，我们离不开。

一件你喜欢的衣服像一位好朋友，有时候也像一个爱人。在美学家蒋勋看来，着衣是生活美学最为重要的内容。

他说：

我有几件自己喜欢的衣服，我舍不得用洗衣机洗，怕会变形，所以，总是用很好的洗衣液泡着，有空的时候用手搓揉干净，我觉得这是一种快乐。

当然有朋友会说："我现在工作这么忙，哪里有时间自己洗衣服，把这个工作交给洗衣机吧。"

我不反对洗衣机，还是有很多衣服或者袜子会用洗衣机来洗，可是我自己最喜欢的白衬衫，我会用手搓洗。领口的污垢或者汗渍洗衣机未必能消除，可是如果稍微浸泡一下，时间够了，用手搓揉，脏污就会消失了。

他讲的是敬惜美好物质。

正因为如此，中国哲学里的简洁、恬静、和谐、纯洁、含蓄、触感、实用、舒适等审美要素，在中国人的着衣方面得以呈现。

《中庸》讲："君子之道，淡而不厌，简而文，温而理"。意思是，君子之道，外虽淡素，但自有旨趣，味之不厌；外虽简略，但自有文采，粲然可观；外虽浑厚，但其中自有条理，井然不乱。

归纳而言，着衣之道就这三个字：淡、简、温。

古谚云："三代官宦，学不得着衣吃饭"，着衣的核心精神是"庄严"，一个人连正装都不敢穿，肯定成不了一个值得别人尊敬、托举的人。出门在外，通过着衣把自己的内心匡正，从而庄严自己、郑重自己，是对别人的一种礼敬，更是一种自我的觉醒。

*

空间育人，其实是审美精神介入人的精神成长最好的一种方式。

教育需要一个好的空间，比如深山里的庙宇，尽管你可能不是佛教徒，但你一旦迈进去，会有一种郑重自己的自觉。

人在一个理想的空间里，会油然生发出静心、敬心、信心。

（一）好的空间，往往和光有关

太阳光、月光是大自然赋予人类的。

而灯的光、火的光则是人类文明发展的成果，为我们所用。

我们也用光来喻人，比如"有人自带光芒"，再比如"天不生仲尼，万古如长夜"等。

人都是趋光的，为光所引导而进入空间。空间的意义之一在于传承、掌握、引用、折射、设计一种光。

（二）空谷传声，虚堂习听

日本茶道大师千利休有个理念叫"一屋建造"，空间不能大，狭小的空间，才能让人心无旁骛、心怀谦卑，才能喝到茶之真味，否则，茶是苦的。

千利休的茶室，门矮到需要低头才能进入，据说，丰臣秀吉进入他的茶室，需要脱下铠甲、弯下腰才能进入。

《千字文》云："空谷传声，虚堂习听"，呈现的也是一个"虚"字，中国建筑的基本概念是虚空，虚以实之，实以虚之，构成一种需要人参与的审美可能性。

教育上的"虚"亦是如此，把"自我"不断缩小，缩小到比灰尘还小，放在别人的眼睛里，他也不会觉得不舒服。这是教育的极致。

（三）高级的东西一定是素朴的

空间之美在于素朴，但素朴不是寒碜，不是廉价，而是人到达道心层面之后的单纯、秩序、温暖。

家应该是素朴的，是让人在外面忙碌、拼搏之后第一个想要回去的地方。

学校更应该是素朴的，素朴的不是什么物料、植物、设计、建筑，而是人心。

教育的意义往往就是我们牵着孩子的手，从浮华、利己的空间走向一个从未到过的素朴空间里，当然，或许是孩子牵我们的手，领着我们走进去。

（四）空间里的每一件物都是育人的

千利休讲过："我所经手的每一件物都将成为传说，而美，我说了算。"

形而上者为道，形而下者为器。引进优美而独特的教育物质进入空间,比如适合空间陈设的大师书画、文房清供,遵循上供、中修、下化的法则,是蓄养空间气场的关键,所谓"无声息的歌唱",就像一座庙宇,如果没有佛像、木鱼、袈裟、僧鞋、香炉等,不可能形成一种摄人心魄的气场。

二、教育本身就是美的事业

美不是求来的,而是人调整内心高度之后的自然而然。美的呈现过程分为四个步骤:宏、约、深、美。

(一)宏——形成价值高度与阔大视野

价值的高度取决于是否关注人类的重大问题和困难,取决于是否能引领人的内心成长,取决于自身的修行、觉醒的层级。

而视野的阔大则决定是否具有远见、格局,以及是否具有构思、突破、适应矛盾之能力。故而须站在将来看现在,须积累足够丰富的经验。

宏当然还是一种世界观。宏可以大到无限,也可以小到极致。比如,我们所处的地球其实只是银河系的一粒尘土,银河系在宇宙中可能也只是一粒尘土,在无限中找到自己,人的敬畏心由此而来。同时,再反观我们自己,以我们的大脑为例,我们每个人的大脑拥有一千亿个脑神经细胞,每个细胞都是一个星球,再往下走,可能还存在更宏大的微观世界,我们在这个极致中找到自己,我们就能安住当下、珍惜当下。

（二）约——养成概括与提炼的人生习惯

是否放得开、收得住关键在于对事物的概括与提炼。

所谓"理解"，即可靠地概括与提炼，这是自我革新的基本要求，也是形成战略性思维、系统性思维、实践性思维的抓手。

迅速抓住事物的关键要素，并立即形成自己的体系，或化解于自己的体系中，进而有效解决问题，就像一只老鹰盘旋在上千米的高空，一下子能找到草丛里的野兔。

约是方法之方法，是方法论的核心，也是掌握规律、自觉应用规律的总要求。在实践中，约是收敛。"收敛"往往比"放开"要难得多，但人和人之间最大的区别在于是否拥有收敛的能力，比如欲望的节制、情绪的控制、严格的自律等，可以说，"约"是一个人最大的竞争力。

关于概括，我们常说的一个有能力的人，主要是指其有很强的概括能力，而概括是形成正确认识的最佳途径，是抓住事物的本质进而举一反三的演化过程。如果想让学生从优秀迈向卓越，概括能力的训练是一个重要的突破口。

关于提炼，所谓提炼，就是提出一个东西在自己身上炼。"提"是自我见识的提升，看见高于自己现实状态的另外一个维度；"炼"是把自己果断地放在那个高度上去自我雕琢、自我蜕皮，日日有所精进，让自己的内心不断成长。

（三）深——扎根于人生深处，形成厚重的底蕴

浅很容易，深则不容易，这就像游泳往下潜水，每往深处走一米，都要承受更大的水的压强，但清流在深处，浮在水面上只能喝

苦水。

教育也一样,需要走到深处,深处是宁静的、美好的,没有纷争,没有冲突,在深处,精神是安定的。

(四)美——用美的精神照耀成长之路

用美的精神照耀成长之路,这意味着以谦卑而有教养的心去感知、拥抱每一个人、每一件事,于微小处见证伟大,在轻浅时勇于迈向深刻。心之灯就像手电一样,照射、感应到每一个细节之巨大力量。

*

美是参与并促进人的生命发展的关键因素。

有人说,美是净化灵魂的重要源泉,没有美的滋养的人生必然是单调、局限的人生。

换言之,教育本身就是美的事业,教育本身就是对生活的美化、对人心的美化,是生命的美学。教育呼唤我们向美而行、以美育人,通过引导学生感受、欣赏、创造美,提升生命质量,塑造更美好的人生,这是一个永恒的话题。

(一)美无用而有大用

美看起来没有用,实际上有大用。

在学习的问题上,美的作用是激发我们对事物或者知识的情感。学习的时候,最缺的是什么?是对事物或者知识的那份情感,而在教育过程中，学生的情感往往是由美激发出来的。

那些在课堂上美美地听讲、暗暗地吸收知识的学生，内心一定充满了美感，美会激发出他自身的情感，比如兴趣、热爱、痴迷等。反之，带着负面情绪和忧虑去上课的学生，美不会关照他，他是学不好的。

（二）美和培养拔尖创新人才紧密相连

美感就是人隐约感觉到了某一种发展可能。培养创新拔尖人才和美感的培养有着直接关系。

首先，创新人才的特点是拥有创造冲动、丰富的想象力和敏锐的直觉，其关键是创造冲动，而人的创造冲动正是来自对美的感受和追求。

其次，世界上的许多事物都是有规律、有秩序的，同时又具备简洁、对称、和谐等形式美的特征。

第三，创新人才要去大胆开创新局面，这就需要拥有宽阔、平和的胸襟，需要内心的高度，目光短浅、心胸狭隘、内心居于低处的人只会抄袭或者模仿，很难开拓创新。

第四，守旧是创新的前提。人类在不断循环中演化，循环是守旧，演化是创新。真正意义上的创新，无不是基于对自身民族文化的坚守、继承、扎根而发生的。

*

孩子会学习，其根本原因是他感受到了学习和知识本身的美感。

（一）沉浸

接收到学习和知识的美感，人就沉浸其中，这时，人的身心是放松的，人的感知器官的门是敞开的，吸收转化的能力变得越来越强。

（二）意义感

学习一种东西时赋予其充分的意义感，时间长了，便会出现庖丁解牛时那种心流："臣以神遇而不以目视，官知止而神欲行""以无厚入有间，恢恢乎其于游刃必有余地矣"。在学习教育之道近二十年的过程中，常常感到了这种"学而时习之，不亦说乎"的内在喜悦。

（三）凡事极致

学习、做事情时，亦可抵达"福流澎湃"之境地。《卖油翁》中卖油翁乃取一葫芦置于地，以钱覆其口，徐以杓酌油沥之，自钱孔入，而钱不湿，因曰"我亦无他，惟手熟尔"。在做事的过程中，下足笨功夫，把一件事情做到极致。其实，无论是学习还是做事，都应充满激情与喜悦，从功利中彻底抽离出来，达到"自己喜欢得不得了"之境地，福流澎湃，一切皆可水到渠成。反之，必将走向枯绝困境。

三、创造教育的美感，挖掘人的潜在能量

人们总希望获得美感，人们对美感的追求是一种积极的精神需要。

起初，人们认为"美"就是"善"，就是"有用""好"。后来在美学史上，人们逐渐趋向于认为：美就是和谐，美就是对立的统一。这是流传至今对美的认识的主流观点。

可是为什么对立的统一就是美，就能使人产生美感呢？

和谐之所以美，对立的统一之所以美，是因为它们展现了新的自由度，展现了一种新的发展可能。

人是最高级的动物，发展是人的最高级的又是最基本的需要。当人直觉到一种隐约可见的发展可能，而还没有来得及产生什么具体的动机时，这时所产生的心理体验，就是人的美感。而这种展现出的新自由度、新的发展可能，就叫美。

美的本质特征是：似是而非。

当一个事物与另一个和它有某种相似而又有某种不同的事物同时在我们的大脑中映现、交融，这时，我们就会直觉到一种隐约可见的新的发展可能，从而也就会产生美感。

中国近现代书画大师齐白石说："作画妙在似与不似之间，太似为媚俗，不似为欺世。"他后来还给弟子讲解过："作画要形神兼备，不能画得太像，太像则匠；又不能画得不像，不像则妄。"比如他画的虾出神入化、精妙绝伦，是世界艺术史上的一个奇观，但是，他画的虾，虾身的节数是五节，虾腿开始是十只，后来减到六只，而且，他画的虾是河虾和海虾的结合体，河虾的长钳和海虾的透明结合在一起，这样的虾在生活中是不存在的，来源于生活，却又不同于生活，在似与不似之间。

"似"是沟通，"不似"是刺激；"似"带来可理解性，"不似"带来新颖性。比如我们说讲课的时候要达到一种效果，叫"一听就能懂，从来没想到"，就说明了这个意思。越是新颖的东西，就越难理解。而完全理解了的东西，也就是失去了新颖性和刺激性的、陈旧的东西。所以我们有时也说，描述一件事情，要力争做到"可似而不似""很像，而又偏偏有点不像。"

*

心理储备往往是一个人的遭遇、往事、经验、感慨、记忆、气质、情操、志趣等，在产生某种美感之前，人的心中必须具备足够的相关心理储备。

这些储备在人心中本来可能是分散的、尚未成型的、尚未被意识到的、潜在的一些"半成品"或"材料"，只是在受到外在的审美信息的触发后才凝聚而成型。这些心理储备往往都带有一定的甚至是很强的心理能量。

比如，触景生情就是一种很好的例子。"景"是外在的审美信息，是"似是而非"，"触景"就是"似是而非"的信息输入人的大脑中，"生情"则是展现出新的可能性，产生美感。但是这种"情"不是突如其来的，不是从外在传过来的，而是由人原来具有的心理储备中凝聚而来的。同一个事物，同一个"景"，具有不同心理储备的人触及以后，可能会产生出不同的"情"来。

设法加强那些有利的心理储备，即对一切重要的心理储备进行明确化、典型化、形象化、客观化和反复强化。

储备美的心理的过程就是准备心情的过程，这些心情准备好了，美就会不期而至。

（一）缓慢

首先是缓慢。快速是美最大的敌人，因此我们需要尝试慢下来，因为美是秩序的极致，所以，呈现美的过程是用心感知与表达事情背后隐藏着的那种秩序，这就需要我们慢一些，再慢一些。

其次是悠闲。闲，繁体字为"閒"，是一个很美好的词语，古意中，就是倚在门上看月亮，不用想就是一种悠闲、休闲的心境。人的发展之美妙也在于修炼一种闲的内心境界，内心境界闲静，大脑方可清晰、积极、上进。否则人内心一忙乱，教育就消失了。

第三是停止。停，人亭也。在古道之中，我们经常还能看到亭子，古代的行人累了后，就停下来歇脚。停是行止，懂得行止，才能进步。美国也有俚语"Stop and smell the roses"，意思是你必须停下脚步，才能闻见生命的玫瑰香味，发现周遭的美好。这里流露着教育的真谛：偶尔停下脚步来。

我们都太忙了，所以对美视而不见，我们不是缺乏发现的眼光，是我们顾不上，所谓"忙"，"心"字旁加一个"亡"，就是心死了，心死了，和美的存在就没有关系，美不是用眼睛能看见的，是用心才能"看见"的。

（二）简洁

首先是简洁。头脑复杂的人，对简洁有着一种特殊的敏感甚至苛求，而头脑简单的人往往却追求复杂，用复杂来掩饰自己的简单。教育是简洁的，我们往往很难抵达简洁，是因为我们拥有的太多，以及有着弯不下的腰和低不下的头。

其次是简化。对日常生活极度的简化是成大事的人身上的共性。简化就是做减法，减去与大目标无关的一切琐碎和杂陈，和世俗保持适当的距离，甚至，可读可不读的书不读，可参加可不参加的应酬坚决不参加，这样，就可以把大块大块的时间集中投入自己的"当务之急"上来。因此，眼神变得专注，语言变得简单有力，行为变得干净利索。就像抱着孩子过马路的妈妈，因为怀里抱着自己的孩子，只一心想安全通过马路。

第三是简约。简约是一个人内在世界的有序和清晰。不在其位，不谋其政，不关注那些离你远的东西。约就是节制，就是主动拦截影响气血的东西，非礼勿听，非礼勿视，非礼勿言，集中精神，把手头上的事情做到极致。启功先生有一副名联：行文简浅显，做事诚平恒。这是关乎简约的箴言，值得收藏，可作为教育者一生的追求。

（三）喜悦

首先，欣赏、体验、创作美的过程让人喜悦，而喜悦来自于厚重的德行，德厚之人容易喜悦。

其次，当人的内心是自由的、灵动的时候，才具备把握细节、处理生活琐事的能力。而美就是细节，美就是把看似平常的东西加以整理、美化。

第三，开心是一种能力。顺着让自己开心的那个地方走，心就开阔了，越往前走越顺畅，美的心理储备就会被加强，反之，则让我们天天忧郁、封闭，把自己逼进了狭隘的地方。

*

在教育教学中，如何充分发挥人的心理储备的作用，形成教育的美感，这是一个重大的课题。教育的美感至少包括以下六种。

（一）深刻

深刻就是从表面看到里面，从明处看到暗处，由分析表面现象入手，引导学生看到事物潜在的本质、潜在的规律、潜在的可能和潜在的自由，这种由明到暗的自由度会形成一种美感。

（二）通透

什么叫通透呢？

深入到浅出的程度就叫通透，这好比我们在一个球体上沿直径方向向下打洞，在到达球心之前，可以说是越打越深。但在到达球心以后，如果我们继续深入地打下去，这时候，从原来的角度来看是继续深入，但从另外的角度来看，则是逐渐地接近球的表面，是越来越浅了。当最后从球的另一面破壳而出时，这就是深入到浅出的程度，这就叫通透。

人在钻研问题时，就很像这个在球上打洞的过程。左脑从理性的角度来看，是沿着原方向不断地继续深入；而右脑从感性的角度来看，从另一侧来看，则是逐渐地浅化，最终是破壳而出。

（三）精辟

为什么我们会觉得精辟？到底什么叫精辟？一种重要的思考方法叫作"概念对"。

概念是思维之砖，房子由一块块的砖垒砌而成，人的思想则由一个个概念组成。但是，概念和砖又有很大的不同，其中很重要的一点是，概念往往是成对地结合在一起，就像鞋和手套一样，都是成对的，例如：大和小、多和少、快乐和痛苦等。我们把这样成双成对的概念叫作"概念对"。

对称是万事万物的最基本规律，人有两只耳朵、两只眼睛、一双手、一双脚，这是与生俱来的，"概念对"由此而来，也就是说，概念之所以成对，是客观世界的对称之特性在我们头脑中的一种反映。

思维少不了概念，而概念又往往成对地存在，注意运用概念对就成为一个很重要、很有效的思维方法。如果有人在分析问题时，成功地多运用了一些概念对，或是运用了一些新概念对，大家就会觉得他的分析很精辟、独到。

（四）独到

新颖独到即有创造性。同样一门课，同样一本教材，面对着同样一个班级，由不同的教师来讲，往往也会有很不同的效果。这就说明，从书本到教学效果，中间需要进行再创造。

（五）精准

我们常说，说话说到点子上，做事做到点子上，这个点就是精准。

精指力量上的集中和数量上的凝聚。上层的东西要少，使人听了印象深刻，记忆清晰；但下面的基础要博大，才站得住，立得稳，让人听了信服。

准则是体现了一种质量上凝聚集中的自由度。"准"的美感反映了质量上的深和真，我们只有抓住了事物的真谛和关键，才能体现出"准"的美来。

（六）回味

言之有物、言之有味是教育的一种美感。

第一是指趣味。要尽可能给人以丰富多彩、多种感知器官协同使用的立体感，并且善于举例，善于打比方，让人觉得有趣、有吸引力。

第二是指意味。在教育上，应强调"物中有我"。教育者应有个人特色、有个性、有自己的独到见解。

第三是指回味。要让人聆听后，觉得有收获、有价值，受到启发，回味无穷。

第七章

教育者自身的提纯与超拔

一、人与人之间的差别在于纯度

教育者只有自己活好了,厚重、积极、透亮,内心秩序井然,始终守在自己的角色里,就像山花一样,不管别人看还是不看,尽管肆意绽放,唯有暗香自在,才有能力爱别人,才能对自己说:"我终于可以谈谈教育这件事情了"。

人与人之间最大的差别是纯度,我们的学习、修行、健身、旅游,都是为了提高生命的纯度,而不是仅为了延长生命的长度。一个人即使长寿,但内心虚弱,意识昏沉,尽给人添麻烦,长寿的意义也不大。

在人的生命存续过程中,不增加灵魂或者内在精神的密度,无法抗衡岁月的磨砺,有的人不到五十岁,看上去比六十岁更苍老乏力;而有的人白发苍苍,却有着少年的意气风发,这是值得深思的。

第七章 教育者自身的提纯与超拔

一块黄金的价值不在于分量,而在于纯度;一个人做教育的功夫不在其思想和知识,而在于其仁慈的纯度。只有纯度极高的心灵以及足够密实的生命,才能顺畅地运行在人的精神甚至灵魂的空间里。

*

前两年有一部很好看的电视剧《琅琊榜》,这部剧有一个情节,梅长苏和周玄清在一个亭子里对谈,梅长苏回应周玄清是否挺身于庙堂之内的提问,讲了一段话:

晚辈认为,世事万物,无处不道。隐于山林为道,彰于庙堂亦为道。只要其心至纯,不作违心之论,不发妄悖之言,又何必执念立身于何处。

无处不道,无处不立身,其大前提是其心至纯。

有道之人拥有一颗至纯之心,以道事人,用之则行,舍之则藏,不会考虑究竟立于江湖还是居于庙堂,而为天地立心,才是君子之首要使命。

"至纯之心",何为"至纯"?藏传佛教中有一种圣物叫"至纯天珠",不是任何一颗天珠都是至纯的,至纯者必经千年以上的传承,其自带的风化纹、朱砂沁、油润度、色泽均有精彩的表现和特殊的美感。至纯总体是一种灵魂的至善至美境界,静气、温润、具有强大的能量,可以直抵人心。那么,至纯的人心何尝不是如此呢?

"至纯之心"与诸葛亮在《前出师表》中首次提出的"志虑忠纯"大抵是一个意思。

一是志向。有志之人内心纯净简洁,有所为,有所不为。有人说,拒绝诱惑很难,其实不然。有志向的人,利益再大,只要不在他的志向上,根本不动心,或者听都不想听,哪里有什么诱惑。

二是心思。有了专注的心思,人就有了主心骨,就能集中精力或者聚精会神,任何外在的干扰都无济于事。

*

提纯自己,首先需要学会面对痛苦,痛苦是磨刀石。

痛者,"身心所苦曰痛"。人生不全是幸福和喜悦,还有痛苦和艰难,如何接纳痛苦、化解艰难,才是一个人提升纯度的关键。

我们都在努力回避痛苦、寻求快乐,这是人性的特点。

但,只有痛苦可以让我们开始对自我的追问和反思,以及对文化的理解和向往。我们今天面对的痛苦,先贤圣哲都曾经历过,比如,孔子经历了很多政治上的失落和悲凉,自嘲为"丧家犬";王阳明先生经历多次生死的考验,本身是晚产儿,并且患了一生都没能治愈的肺炎,普遍被认为最后死于肺癌,自身被政敌追杀,平南赣匪患,平宁王之反,平广西匪患,终而创造心学之大境界;曾国藩"打断牙和血吞",并曾绝望到跳河自杀,经历过无数艰难,最终立德、立功、立言三不朽。只有经历过痛苦的人才能理解幸福的真谛，只有经历过长期黑暗的人才能理解光的多彩和温暖。

我们每个人所经历的痛苦，是内心迈向高处的台阶；当我们处于痛苦之时，正是沉淀德行之时，德行从我们内心痛苦的那个点生长出来。

*

提纯自己要学会面对过错，在错误中反思出来的东西，纯度较高。

人类的智慧并非仅来自于读书，也来自于总结经验，来自于在错误中反思。

在错误中反思和总结出的经验和教训最宝贵，因为未来可以避免犯类似的错误，绕同样的弯路。

英国教育家怀特海在《教育的目的》中说："畏惧错误就是毁灭进步。"

从孔孟儒家学说、程朱理学、王阳明心学，到《资治通鉴》、二十四史，都不断在讲关于"过错"的哲学和案例。归纳起来，是谈两个问题：一是如何面对自己的错误，二是如何面对他人的错误。

面对过错，先贤圣哲给我们上了三堂课。

（一）君子不辩诬

子贡讲："君子之过也，如日月之食焉。过也，人皆见之；更也，人皆仰之。"什么意思呢？就是说圣人犯错就像日食、月食一样，不仅躲不了，而且全世界都看到了。但是当阴影过去，也就是当他改正了错误之后,大家照样仰望他。

犯了错,大方承认并努力改过,不辩解,不掩饰,这才是真君子。

(二)不迁怒,不贰过

修行的最高境界是不迁怒,不贰过。

人非圣贤,岂能无怨无怨、无过无错?圣贤其实也有怒有怨、有过有错,只是他们的认识不同,处置的方式也不同。

不迁怒。有了怒,有了怨,就事论事,不牵连到别人,不沉迷于过去,只是扪心自问,学会克制、化解。这是不容易做到的,所以需要不断修行。

不贰过。就是同样的错误不犯第二次。看起来不难,实际上并不简单,这里隐含着对错误的认识程度的问题。有智慧的人,并不是不犯错,而是犯了错之后,考虑的是怎样避免同样的错误不再发生,而不是怎样掩盖错误。

在教育上,孩子之所以撒谎,其中有一个重要原因是逃避犯错之后的惩罚,而这个原因的始作俑者是父母或老师。我们不放过孩子的错误,孩子出了问题,就想隐瞒、掩盖,所以撒谎成了习惯。因此,要鼓励孩子暴露错误,把错误当作改善、进步的机会,要知道问题的发生是客观存在的,只要"不贰过"就很好,久而久之,孩子就不撒谎了,且进步会更快。

(三)有诸己不非诸人,无诸己不求诸人

"有诸己不非诸人。"自己身上有的缺点,就不要去批评别人。

我们往往对别人的错误非常清楚，对自己的错误却不太记得。别人的错误用来做什么？用来规正、反思自己——这是在提醒自己，自身有没有这个问题，要不要改？

"无诸己不求诸人。"自己没有做到的事情，不要求别人做到，尤其是领导者，立规矩，自己先做出表率，才能施于天下，往往不是自己管不了天下，而是自己管不了或者不愿意管住自己。

*

提纯自己需要学会面对失败。所谓的成功，就是你能败得起，然后还能站起来。

我们经常不敢或者不能面对失败，不是因为失败有多可怕，而是怕自己失败了，别人看不起。

因此，失败并不可怕，要看一个人对待失败的态度。

如何正确面对失败，如何转败为胜，这门学问叫作"失败学"。所谓的"成功学"大多都是骗人的，人不是一生求成功、求胜利，而是求如何应对失败。

如何面对失败，可分三步走。

第一步：接受失败，克制痛苦

失败使人痛苦。人在受到打击时，精神上容易被瓦解，甚至失去理智，失去眼前转败为胜的机会，只能坐等第二次打击的到来。

我们经常讲，失败通常是连续的，一个失败接着一个失败，呈多米诺骨牌效应，原因就是不能有效克制痛苦。

首先，我们在思想上对失败要有一个正确的认识，在精神上对失败要有所准备。铁要经过千锤百炼才能成钢，每一次失败就是一次锤炼。

人们往往把失败叫作"发生了意外",这就说明,在人们心中,总是把事情看作一帆风顺、万事如意的,这是不切实际的,在我们每个人的学习、工作中,都一定会有失败等着我们。是的,我们应当避免失败,但是,由于偶然性的存在,失败或大或小、或早或迟会突然出现在我们的面前,所以,我们精神上一定要给失败留出一个位置。

其次,不要把注意力放在无用的感慨上。

不要把注意力放在体会自己的痛苦上,黄连很苦,但总是去体会、回味,就会更苦。失败了,要接受下来,把注意力放在最终胜利的快乐上,或者放在如何转败为胜的要领上,这样,经过心理的加工,将失败化为力量,产生新的希望、信念、兴趣、动机。

第三,撇下一切无用的心理活动,集中精力想一件事情:现在应该怎么办?

第二步:看清问题,冷静分析

首先,冷静分析自己是不是真的失败了。

人一遇到挫折、刺激或者不幸遭遇,就很容易觉得自己失败了。其实,如果冷静分析,往往发现自己并没有失败。出了问题不等于失败,或者失败并未成定局,还来得及补救或者挽回。

其次,精确描述你的失败,看清它的局部性和暂时性。《孙子兵法》强调"一战而定,胜而不定,则胜利无意义",自古以来,高水平的人注重的是终端的、整体的成功,而不是过程中的一时成败和虚名。

第三,在失败中看到有利的因素,要充分吸收失败所带来的各种信息。

任何失败都不会是100%的失败,它总会带来一些积极的因素和有益的东西。比如,一个球队在比赛中失败了,却可以借此机会学到别人的长处,发现自己的不足,回去好好钻研技术,把失败后的工作做到家、做到位,失败就会转化为成长的契机。

另外,失败从眼前看是坏事,从长远看却往往是一件好事,古人讲"塞翁失马,焉知非福",就是这个意思。失败作为一个事件,它给我们带来了丰富的信息,如果能把这些信息提取出来,加以吸收,那就会得到很大的益处。

第三步:积极行动,寻求转机

失败不是静止不变的,它还要发展——向好的地方发展,或者向坏的地方发展。

首先,要坚信在失败中一定会有转败为胜的可能,我们要积极地去创造条件。

其次,不要灰心,你可能已经走到了胜利的门口,只是自己还未察觉。要坚持,哪怕最后一秒钟,也要努力争取。

第三,换条路试试,把不可挽回的失败转换为可以扭转的局面。

二、人就分两种,一种是清晰的,另一种是不清晰的

清晰的"清"是中国传统文化精神之一,中国人自古以来追求"清气满乾坤"的社会理想,推崇"清者自清、浊者自浊"的个体精神世界,这也被引进中国的吏治文化中,老百姓也有"清官"情结,对于包拯、海瑞等清官的故事,总是津津乐道。

"清"的本义是"澄水之貌"。

儒、释、道均在强调、深化"清"。清包括清晰、清净、清凉。

一是清晰。

我们的内心整理过之后,看见的一切都是美的、积极的,每天活在这样的世界里的人是清晰的。人就分两种,一种是清晰的,另一

是不清晰的，需要自我界定。

二是清净。

清是解脱，是化有为无，就像流水才能洗净污垢；净就是看开，看开是为了心路畅通，不会局限在"小我"之中，"小我"本身就是一座牢笼和坟茔。清净，正如赵朴初先生的一首小诗所说："日浴清净水，日着清净衣，内外俱清净，浊世愿毋离。"清净本身就是一副好药。

与清净相同的词语还有"洗礼"，洗礼这个词已经远远超出了基督教所能界定的内涵。洗礼，在很多时候，是人内心挣扎与斗争的一种痛，是经过了风暴之后的灵魂模样。

泰戈尔说："不是槌的打击，乃是水的载歌载舞，使鹅卵石臻于完美。"教育的力量在于通过洗礼，激荡出人心里的美与静，从而摆脱世俗的困扰。

三是清凉。

清，即归零；凉，是因为心在高处，所以视野开阔、思维开放；清凉就是放下，放下自己的身段、放下自己的面子、放下自己的虚荣。在佛教中，有"无上清凉""清凉如月"的说法，说的就是放下之后，身心进入一个极为纯净的空间。

*

清晰、清净、清凉，综合起来，就是一个教育者美好的内心世界，其中最值得提炼的是清晰二字。

清晰就是在出世和入世之间，在争与不争之间，在实力和名气之间，找到自己的立足点。

（一）在争与不争之间清晰自己

《道德经》中最后一句话是："圣人之道，为而不争"，是老子对自己所有智慧的一个总结。但我们很多人不同意这句话，现在社会上竞争那么激烈，怎么能不争呢？

争其实是人性的弱点。一个人不看自己，总是去看别人，就会以为别人在跟你争。

老子还说："天之道，不争而善胜。"说的是，君子之所以天下无敌，不是能战胜所有对手，而是谁也不去打，埋头做好自己，正如《无问西东》里的台词说的那样：记住自己的珍贵，爱你所爱，行你所行，听从你心，无问西东。

一旦陷进了"争"的心理误区，我们的思维就会被竞争者带走，你就无法诚意正心地做好手头上的事情，迟早你会被淘汰，淘汰你的不是竞争对手，而是你自己。

关于争和不争，孔子还用八个字来深化："君子矜而不争，群而不党。"

矜而不争，矜是庄重，君子庄重自持，但与人无争；群而不党，群是合群，君子合群，但君子的原则是透明的，一切按大是大非的道义办，不搞小团体，不去拉帮结派。

（二）在大与小之间清晰自己

所谓大人，就是把大的东西看得很小；所谓小人，就是把小的东西看得很大。

小就是大，大就是小。

新冠病毒是结构简单、体积微小的微生物，但其力量无限大，大到可以让整个世界付出巨大的代价,更可能让人类社会拐弯。

历史上也是如此,东汉末年、明代崇祯年的大瘟疫,欧洲14世纪的黑死病,20世纪初的西班牙流感,都是小到看不见的病毒,导致改朝换代甚至形成新的世界格局。

人类万万不可自大。

小的东西张力更大。蛇的进化也是如此,远古时期,蛇是无毒的,体型庞大,不断进化后,体型变得很小,但有的毒蛇一滴蛇毒就可以杀死一头牛。

事实上,所有看似渺小的人和事物,他们的存在都蕴含着一种伟大,这种伟大需要我们去敬畏、去发现。

所谓"大",就是广大高明。大人之心是什么心?朱熹讲:"大人之心,通达万变;赤子之心,则纯一无伪而已",大人之心就是赤子之心。

(三)在出世和入世之间清晰自己

教育的本质是出世的,与世俗很远,但教育者又是入世的,需要面对现实的各种,这两者之间很难找到立足点。

入世就是清晰人与自己的关系、人和物的关系、人和他人的关系。首先,人与自己的关系,内心服膺于德,那么,待人接物的过程就是积累德行的过程。其次,人与物的关系,让身边的物各自归位,用过的东西放回原位,物有秩序,人就会有秩序。日本有一种生活哲学叫"断舍离",是处理人和物之间关系的一种极致,也就是简化,简化是处理人和物的关系的最好的方法;第三,把人与人之间的关系归于礼,在礼中清晰出人与人之间最恰当的距离,人与人之间因为恰当的距离彼此心安,即使有了矛盾和冲突,也有转变的余地。

这三对关系清晰了，心无挂碍了，留出的空间就是出世。出世的空间是因为入世的清晰而自然呈现的。而遁入终南山，或者到庙里"索性做了和尚"，出世反而很难，因为，一厢情愿求出世就会挣扎，就会患得患失、难以自处。

三、在精神上不断超拔自己

在精神上不断超拔自己，就是说，人的精神要努力往上走。

向上走，就像树木的年轮，一年一年轮，年轮过于疏松，内在就容易出现空洞、空虚，容易折断，压实压密生命年轮的方法是每天学习，学而有所得，或者每天有收获而喜悦，把日子过得结实不虚。

所谓坚实的生命，就像小叶紫檀，它的年轮细密到难以辨认，用五百年甚至上千年完成自我生命的成长和精进，成为制作家具最好的材料，让人震撼。

有人经常讲自己"命不好"，是因为虚度年华而导致年轮疏松，使得生命缺乏硬度和韧劲。很多人每天都在"虚度时光"。

*

教育者在精神上超拔自己，还需要在没有人见到的地方，保持警醒，是为慎独。

《中庸》有言：是故君子戒慎乎其所不睹，恐惧乎其所不闻。莫见乎隐，莫显乎微，故君子慎其独也。这句话是我们耳熟能详的"戒慎恐惧"和"慎独"这两个词的出处。

"戒慎不睹，恐惧不闻。"不睹是没有人看见的地方，不闻是没有人听到的时候。在没有人见到的地方、没有人听到的时候,要保持警醒,不可放肆,谨言慎行,人前人后一个样。

"莫见乎隐,莫显乎微。"见就是现,隐是隐秘之处,微是细微之处,即极隐秘、极细微之处没有不显现出来的。"故君子慎其独也",所以品德高尚的人在一个人独处的时候也是谨慎的。

《诗经》里有十二个字:"战战兢兢,如临深渊,如履薄冰。"也用来形容审慎的品格。

慎独还有一层意思,就是在别人不注意、不屑、认为无用的地方,日日不断用功,下足十年以上的笨功夫,不求有用。

举一个例子:

我去过福建龙岩的一家猪肉汤店,小店不到50平方米,老板是妯娌二人,也没有请小工,每天去吃饭的人基本上都要去排队,她们每天就卖500碗猪肉汤,卖完就关门,二十年都是如此,很多人以为是她们掌握了什么配方才那么火。

我观察到这家小店之所以"火"的真正原因,不是什么配方,而是在别人不注意的地方下足笨功夫,比如,她们家的桌子,是南方极为平常的杉木制成的,但每次去都特别干净。原来每天打烊后,妯娌二人把桌子、凳子扛到旁边的小河里,用稻草、沙子、流水擦拭无数遍,直到自己满意。其实,可能并没有人太在意桌凳的干净程度,她们却做到极致,相信其他方面她们也一样,比如猪肉部位的苛刻选定、熬汤用的井水、那一碟赠送的佐餐小菜等,在别人不注意甚至认为无用的地方,日日不断用功,这才是她们的猪肉汤大火的真正原因吧。

*

教育者应当是高贵的。教育者内心的高与贵,决定了我们在低处的行为和语言的清晰度和自由度。

（一）高

内心在高处，才能从一时的是非对错中跳出来，站在更高、更超越的维度上来把握事情背后隐藏的秩序；内心在高处，就像把心定在山顶上，日出的阳光最先照耀到它；内心在高处，才能与圣哲先贤对话，从而得到文化的启迪与浸润。

（二）贵

人之贵是因为有独立的人格、恒定的价值观和生命的担当，"绝不像攀援的凌霄花，借你的高枝炫耀自己"，是一棵有根、有本、有枝、有叶的树，宁静自信，根深实邃，把最好的东西奉献给社会。

教育者之贵，贵在一套自己身上本来就有的、别人拿不走的富贵。

孟子讲："欲贵者，人之同心也。人人有贵于己者，弗思耳矣。人之所贵者，非良贵也。赵孟之所贵，赵孟能贱之。"

孟子的意思是，想要自己尊贵、贵重，这是每个人都有的心理。其实，每个人身上都有能让自己尊贵的东西，却不去想它，老想从别人那里求到尊贵、尊重。殊不知，从别人那里得来的尊贵，不是真正的尊贵，别人既然能给你尊贵，就能给你拿走。

赵孟是晋国世卿，在这里比喻有权势之人，你巴结上了，他可以让你鸡犬升天，也可以让你身败名裂。这样的事情不是天天在发生吗？

教育者以道事君，不可则止，这里的"君"可以是学生，也可以是家长，你认可我的道，我诚心待之；你不认可我的道，我卷而怀之，转身就走，这里的"道"是原则。

教育者之贵，在于在他人不知、不解甚至质疑、污蔑时，依然心平气和；在于面对争论时，轻轻放下自己的执念和局限，给人留出空间。说到底，教育者之贵是定位之贵，定位在"委屈自己，成全别人"，化成人梯或者船只，渡人渡己，从而培养出让自己感到骄傲的学生。

*

热情是教育的真因，一切美好的事情都会因为人的热情而显得生意盎然。

教育者自身的超拔需要始终保持昂扬的热情或者激情。唉声叹气是教育者的内心沉到谷底的表现。在家里唉声叹气，必然导致整个家庭的情绪低落，很多事情就在情绪低落时发生改变，小事变大，好事变坏；在学校里，老师和校长的唉声叹气所引动的是教育精神的下沉和跌落。

热情表明一个人的生命是活跃的、有力的、向上的，它具有强大的推动力与托举力。

一是，人只有在极具热情的状态下，才能把一件事情做到极致、做到一百分。比如，学生具有对知识的热情、热爱或者酷爱，才能真正学好、学到惟精惟一。如果缺乏了这种热情，学习就变成了苦差事，也做不到位，自然就会无奈和乏力。

二是，热情是百万富翁，生命的美感与价值是热情烘托出来的。当一个人拥有了内心的高度、厚重的德行、文化的底蕴、审美的境界，就容易心生热情，从而产生不竭的动力。

三是，一个人有了热情，他身上就会有光，人们容易看到他身上的光彩和优点；反之，黯淡的人，人们只会看到他的缺点与不足。

四是，热情是真、善、美的果，是生命之花的盛开。教育者需要不断给自己的内心提神、加温，把闪耀出来的那一点热情，传递到孩子的心里去，孩子的内心最需要的并非什么道理，而是光和热。无论在学校还是家里，教育者最重要的任务就是散发光和热。

五是，教育是一项开拓性的工作。开拓取决于我们内在的、持续的热情，否则，就会陷于低级的、机械的重复。

教育者，无论是教师还是家长，准备好一副暖热的心肠，才能潜入教育的深处，在深处，才能触摸到教育的根本。教育最大的敌人是冷漠，在冷漠面前，所有的希望和未来都会被拒绝，再谈教育就是缘木求鱼了。

第八章
教育领导力是怎样炼成的

一、感召力：让人跟着你，充满生命的激情

我曾经连续八年的时间，有幸参与面试和选拔了全国三十多位中学校长，以及参加了北京市特级校长的评定工作，让我认识到选对了人，一所学校就会变好；没有选对，则会持续不断地出问题。

不仅仅是校长，教师、家长也需要一种教育意义上的领导力，教育领导力也叫作人格魅力，指一个人在性格、气质、能力、道德品质等方面流露出来的一种能吸引人、团结人、感染人的力量。

*

感召力是一种特殊的人格魅力，让人觉得跟着你放心，有干劲，

有前途。

首先,感召力来自于主气。主气十足的人,能拿主意,是周围人的主心骨。

在中国文化中,"主"与"客"这两个字别有深意,比如常用语中,"反客为主""主观与客观""主人翁精神""当家做主""主场客场"等。

主和客,就像心和四肢,心是主,四肢是客,四肢要勤、要动,内心就容易平静下来;如果四肢不动,心就劳累,就开始胡思乱想。又比如,一个国家的最高领导人是主,其他辅助官员是客,主不动,客动,这个国家就很稳定;如果辅助官员很闲,最高领导人就开始忙乱了,这个国家就不会好。

主气清晰而宁静,客气的流动就有了韵律和节奏。这样的人身上有一种人格上的感召力。

曾国藩说:"主气常静,客气常动。客气先盛而后衰,主气先微而后壮。故善用兵者,最喜为主,不喜作为客。"

"主气常静",就是当家做主的时候,你非常熟悉这个环境,可以很安静。

"客气常动",就是到了一个陌生的地方,到了一个不熟悉的领域,你发现会躁动或者不安。

"客气先盛而后衰",就是你到了一个陌生的地方,往往最开始的气势是盛壮的,但是你会发现各种不舒服、不熟悉、别扭,很快气势就变弱了。

"主气先微而后壮",就是在你熟悉的地方,开始你的气势可能是微弱的,但这是一个长跑,时间长了,你做成了一件又一件的事,你的气势越来越强。

"故善用兵者,最喜为主,不喜为客。"就是善于打仗的人更喜欢在自己的主场作战,不喜欢在客场作战。

在教育实践中,保持主气不动是一种极高的智慧,叫作"不动心"。从孟子的"四十不动心",到王阳明的"吾以不得第动心为耻",再到《周易》中的"寂然不动,感而遂通",无不彰显着这样的智慧。心不动,则主气不动,主气不动,则可与天地的大宇宙连通,对接上天人合一之大道,化天地间的能量于身体之内。

"客气"则意味着心随物走,心定不住,就会处处被动。所以,贵在养出一种"主气",而人是否具有"主气",一眼就能分辨出来。

*

感召力来自于原则。

坚持原则就能创造属于自己的世界,你的原则会自动为你选择周围的人,如果你周围都是志同道合、心气相通的人,那么,你的世界就会越来越美好。

但大多数人都不能坚持原则,只是"嘴里先答应下来,到时候再说。"

为什么不能坚持原则？主要看人追求的东西在外还是在内，是向外求还是向内求？追求功名利禄，这是向外求，而追求自己内在世界的丰盈，这是向内求。向外求，就会自动放弃原则，迷失自己；而向内求，凡事行有不得，反求诸己，在自己身上找原因，就能坚持原则。

每天坚持原则，日日不断，则心路畅通；一天不坚持原则，就茅塞不开，书上道理都懂，可一见功名利禄，视线立即就模糊了。

原则从哪里来？从百世之师那里来，从圣贤之言那里来，那是中国人的基因库，最终凝练而成的就是自己安身立命的原则。

*

感召力，还来自于坦荡敢为的胆魄。

子曰："君子坦荡荡，小人长戚戚。"这里的"坦荡"，是指心中光明，则照亮一切，事事分明；这里的"戚戚"，即忧郁、揪心、不安心之意。

君子为什么能做到"坦荡荡"呢？因为君子做事，一是循理而行，始终遵循规律，做的都是理所当然的事情，故而无纠结、不揪心，君子坦荡荡。二是素位而行。内心里有秩序，即有礼、有理、有节、不乱，始终站在自己的角色里，守职守责，君子坦荡荡。三是行有不得，反求诸己，君子坦荡荡。

我们谈一件事情，很喜欢放在桌子底下谈，时间长了，心理上就会迷信或者依赖"潜规则"，其实，世界上根本没有什么潜规则、阴谋论，凡是相信潜规则和阴谋论的人，其对所有事情的判断和看法都不可信。

君子坦荡荡，就是没有什么事情不可以放在桌面上谈，他们的原则公开透明,开诚布公,一切按照原则办事。

君子除了坦荡无私,还富有敢为的精神。纵观能成事者,都有"敢为"之精神特质,敢为者不忧不惧,先行后知,敢于"亮剑",敢于突破,敢于胜利,决定了的事情一竿子插到底。

(一)敢为的智慧首先体现在决策上

商鞅讲:"民不可与虑始,而可与乐成。"意思是,一般人见识短浅,安于现状,不能和他们商议开创的计划,只能和他们分享成功的利益。

能成事的人,凭自己的直觉认为可以干成的事,就一定都可以干成。如果你跟大家商量,七嘴八舌地,各种困难、各种主意就来了。因此,只要你用意志力和决心去坚持,去改变他们,最后一定就可以干成。一般人眼中的"困难"和"阻力"往往都是那些提出困难与阻力的人制造出来的。

"成大功者不谋于众。"成就大事业的人只会小范围讨论决策,不会跟一大群人去商量。邓小平同志当年搞改革开放,之所以能成功,其核心就是"敢为",不争论,坚信"不管黑猫白猫,能捉老鼠的就是好猫""步子迈得再大一些""贫穷不是社会主义"等,现在听起来还是那么荡气回肠。

(二)敢为意味着和问题共存,带着问题前行

只要去干事业,就不能怕问题。不是所有问题都可以一下子解决,即使解决了这个问题,也必然会带出新的问题。能成事者,善于与问题共存,学会带着问题往前走,把问题交给时间去消化。

（三）敢为的前提是出于公心，而非为了一己之名利

敢为者坚持自己的价值观，任何时候都只执行一种方案，不会为了满足自己的利益去骑墙，去逢迎别人，言必行，行必果，久久为功。

*

感召力就是"得人心"，得人心者得天下。

《资治通鉴》三百多万字，通篇讲的就是一件事：如何团结人、运用人、掌握人、得人心。

如何得人心？孔子给出的答案是五个字："恭""宽""信""敏""惠"。字字值千金，归起来就是一句话——"大大方方得人心"。

（一）恭

"恭则不侮"，不管对谁，对上级，对下级，对陌生人，对熟悉的人，都是言语恭敬，出门如见大宾，此为"自重"，你尊重别人，别人才会尊重你。

（二）宽

"宽则得众"，对人不能太苛刻，否则人容易有怨言。要允许人犯错，甚至鼓励暴露错误。能容则易，是为"容易"，反之，过于苛刻严厉，人人都怕你，谁犯了错都隐藏起来，最后就积累成大的灾难，这叫"祸起萧墙"。

（三）信

"信则人任"，守时守信，至诚无息，做到100%的纯度，这样，人人都依靠你、深信你。上级觉得你办事牢靠、扎实，愿意把重任托付于你；下级对你忠心不二，因为他知道自己什么都不用操心，全力以赴跟你干就行。诚信就是你诚我信，你心里诚，时间长了，人人信你，没有什么事情做不成。

（四）敏

"敏则有功"。行事敏捷迅速，雷厉风行，则能干出成绩，大家才佩服你。

（五）惠

"惠则足以使人"。惠，惠泽、恩惠，人要大方，要肯给别人恩惠，否则成不了事。孔子讲治国，叫来之、富之、教之，先"使之富"，再谈感情、教化、义理。要舍得给予钱财，要肯分战利品，这样才能有感召力。项羽失败的一个重要原因就在这里，项羽对人恭敬慈爱，人有疾病，"涕泣分食饮"，但就是不舍得给钱、给权，不舍得分战利品。韩信评价为"妇人之仁也。"相反的是，刘邦个人本事不大，就是大方、大气，懂得分权分利，"大大方方得人心"是也。

激发组织内部的活力，也一定是在"惠"这个字上下功夫。

"惠"就是形成一套由远景、使命、价值观、集体潜意识行为、语言系统等要素构成的管理机制，从而降低组织内部熵值，让人人想发展，人人能发展，人人实现发展，"合众人之私，以成一人之公"，要害是最后这个"惠"字。

首先，要舍得给予物质的奖励。物质的奖励像父爱一样，刚性、厚重、扎实，不足会使人懈怠，且它取决于组织的价值评价与价值分配体系。

其次，要补充非物质的奖励。非物质奖励像母爱一样，温暖、柔性、有安全感。荀子讲："君子赠人以言，庶人赠人以财"，这是管理者的特权，且具有成本小、产出大、效果持续时间长的特点，不足是对管理者的德行修养要求甚高，并非一日之功。其主要有两种方法，一是"激发上进"，反复正强化，给人希望，给人信心，也给人授奖、表彰，可以通过体验、活动、庆祝来实现。二是"不是需要对方，而是去欣赏对方"，这是教化的命门，也是价值驱动的突破口，把"需要对方"的事情交给制度，管理者只管去欣赏员工。

二、洞察力：分析问题精辟、深刻、通透，让人开窍

教育的洞察力呈现出来：分析问题精辟、深刻、通透，让人开窍。

当前教育的主要痛点是"短浅"。

首先是短视。做教育只看三年五年，顶多看九年，所以目光短浅，教育本来是照顾未来的事业，也就是说，至少要看三十年甚至一辈子。由于短视，我们着急于当下的一点得失、是非，所以难以跳出来看教育。没有"远虑"的人必有"近忧"，一辈子都在做灭火的工作，人就被各种麻烦困住了。

其次是浅见。看问题只看表面，顶多能往深处看两三层，所以所有的见解都是肤浅的，没有触及本质。做教育至少要看到核心，并从

核心出发,从另一头穿透出去,这叫通透。

短和浅的问题要从哲学的角度和文化的高度来解决。

*

洞察力是一种超凡的"看见"的能力。

洞察并非用眼睛看,而是用直觉,是一种综合了视觉、听觉、触觉、味觉、嗅觉等综合感知能力之后的直达本质的能力,就像一只老鹰在高空盘旋,能迅速地洞察到草丛里的兔子。洞察力的获得是到一线去,只有大量一线的经验加上自己的天赋才能获得洞察力,尤其做教育更需要到一线去,用脚去做,用身体去做,用眼睛去做,阅人无数了,时间长了,就有了洞察力。这二十年来,我走进将近两千所学校,也顺便听了将近一千堂课,我对教育的一点点认识以及教育的洞察力是这些校长和教师教会我的。

洞察力也需要理性给予支持,而因果关系是最大的理性。

很多人以为"因果"是佛家的哲学,即"因果相报",其实,两千年前中国文化就开始讲因果,全世界的科学家、哲学家都将因果关系这一对最为根本的关系服膺于心。只有充分发挥这一对关系的作用,人才会进步,才会变得有智慧,社会才能发展。

一般来说,出现了一个"果",它的背后一定有"因",甚至有很多相关的"因",不过一定有一个是主要的"因",在起决定性的作用。从诸多的"因"中找到这个主要的"因"是一门技术活。

社会心理学家凯利提出了著名的归因协变原理:在有可能成为原因的诸要素中,随效果而变化的那一个就是原因。

这就是说,在各种可能的原因中有一个真正的原因,这个真正的原因会和效果共同变化,有效果时就有这个原因存在,没有效果时就没有这个原因存在。

如何找到那个"因"？假设有一个效果A，它的原因有五种可能，即a、b、c、d、e，我们想知道其中哪个是真正的原因，可分三步走。

第一步，变换时间，看看有无一贯性。也就是说，变换其时间条件，看看效果A还能和哪些可能的原因相对应。假如变换时间后，A只对应a、b、d、e，而不对应c，那么，我们就说a、b、d、e具有一贯性，而原因c不具有一贯性，就应被淘汰。

第二步，变换空间，看看有无一致性。也就是说，我们再变换其所处的不同的场合，看看效果A还能和哪些可能的原因相对应。假如变换场合之后，那个不具有一致性的原因就应该被淘汰。

第三步，变换对象，看看有无辨别性。也就是说，通过变换对象，注意当效果A不出现时，哪些可能的原因仍然存在，那么该原因就应该被排除。

如此，最后剩下的那个"因"，既有一贯性，又有一致性，又有辨别性，它可能就是真正的"因"，在实践中验证一两次即可断定。

当然，世界是混沌的，"混沌在中央"，即便找到了那个真正的"因"，也需要注意其他因素的介入后让事情变得很复杂的情况。

*

洞察力归根结底还是清晰的思维。下面列举几个关键思维方式。

（一）战略性思维

首先，战略不是研究将来要做什么，而是研究现在做什么才有将来。战略绝不是天天研究未来、预测未来、把握拐点，真正的战略一定是把手头上的事情做好、做到极致，未来就会向你走来，而不是我们走向未来。

其次，大道理管中道理，中道理管小道理。道是自然界的根本规律，理是万物得以区分的特殊规律。特殊规律离不开一般规律，一般规律寓于特殊规律之中。

第三，战略就是七分保守，三分创新。中国人真正的原创，一定是在继承自己民族优秀的传统文化基础上的突破，深深地扎根、传承之后，才可能穿越时间之窗，实现三分之质变，这个质变就是创新。

（二）整体性思维

"整体大于各部分之和"，这是一个重要的哲学原理。对于整体与部分的关系，亚里士多德以"整体不是其部分的总和"这个命题更加确切地进行了表述。用现在的话说，系统整体的功能，既可以表现为整体大于部分之和，也可以表现为整体等于部分之和，还可以表现为整体小于部分之和，这种综合效应决定于部分之间相互作用的性质。

当各部分以合理（有序）的结构形成整体时，整体就具有全新的功能，整体的功能就会大于各个部分功能之和。而当部分以欠佳（无序）的结构形成整体时，就会损害整体功能的发挥，整体的功能就会小于各个部分功能之和。

要使各部分真正成为一个整体，就需要铸魂。一个国家、一个组织、一个党派、一支军队、一所学校，若是有了魂——也就是有了共同价值与集体无意识的文化认同，那么就会凝聚为一个牢固的整体。

（三）系统性思维

机制是客观存在的，它反映了人们对事物的运动规律及内在结构的认识与把握。

耗散理论创始人普里高津曾指出："即使在最简单的细胞中，新陈代谢功能也包括几千个耦合的化学反应，并需要一个精巧的机制加以控制。"

结构、功能、系统是一个机制的三要素，每一个要素都不可或缺。比如，我们经常讲"四梁八柱""三点确定一面"等，讲的是结构的稳定性；再比如我们经常讲"整体大于各部分之和""生态循环发展"，讲的是如何发挥系统或体系的力量，等等。

任何的实践活动都有必要生成一种动态平衡的机制，在教育上往往是把期待、机会、评价这三个环节加以调制，生成一个开放的、动态的、闭环的动力模型，这是极为重要的一件事情。客观上，做成任何事情都需要有这样一种机制，不因一时的困难、人员的变动甚至技术的跃进而人心涣散。

一步步往上走仅仅靠直觉是不够的，还要有高级的、理性的机制来支撑。

（四）实践性思维

任何事物都是"先发展后完善，边发展边完善"，实践是最好的老师，尤其教育的进步归根结底是靠实践、靠行动，理论只是某一种补充。

真正的教育具有实践性，要靠每一个教育者用生命活出来，可以说，所有的教育智慧都来自一线。

实践性思维可概括为一句谚语：立即做，大胆做，做到底，从小事做起，从我做起。

（五）持续改善的思维

在中国文化中，进步之策莫过于"精进"，"精进"文化甚至影响了日本、韩国等中华文化圈的众多国家，至今仍然在发挥重要的作用。

"精进"就是不断进行微改革、微创新，日日不断用功，永无止境，永续发展。

持续改善的过程是螺旋式上升的过程，持续改善还需要与"梯进"结合起来。

人往高处走，沿着阶梯走。阶梯是人进步的最好工具。阶梯的意义是让我们的进步有了标准，因此可以引领人自定目标、自找办法、自我评价，进而生成一个稳定的动力机制。制定阶梯的秘密是设定标准，没有标准就没有持续改善，教育上的所谓"提质增效"，就是在标准上做足功夫，让标准符合习惯，让习惯成为标准。

我们国家取得辉煌成就的一个重要原因是从中华人民共和国成立伊始，一以贯之了一个进步管理的方法——"五年规划"，实质就是每五年一个阶梯，推动着我们的事业持续发展，从一个胜利走向另一个胜利。这是大智慧。

（六）正强化的思维

无论是自己独立做事还是团结人做事，必须不断激发自己及所有人的"上进心"，这样，才能把所有力量集中起来，对准一个城墙开炮，从而攻城略地，走向胜利。

"激发上进"最重要的定律是正强化定律，这个定律与牛顿第一、第二定律一样神奇。

美国著名心理学家斯金纳提出了一种理论，认为人或动物为了达到某种目的，会采取一定的行为作用于环境。当这种行为的后果对他有利时，这种行为就会在以后重复出现；当这种行为的后果对他不利时，这种行为就减弱或消失。人们可以用正强化和负强化的办法来影响行为的后果，从而修正其行为。

当然，我们主张"正强化定律"，是因为"优势发展"才是最高效的发展。比如，每一个人都有天才的一面，都有值得敬畏的一面，而这一面在他的生命发展过程中，往往会呈现为优势和长处，当他的优势和长处不断获得外在的确认以及积极的反馈，就会转化为内在的一种自信，从而使他的生命开始发光。所谓"卓尔不群"，就是把自己身上天才的一面充分发挥出来，如果还能在这里持续地下笨功夫，则可成就不俗之人生。

人在某种情境下做了某一件事情，如果获得满意的结果或肯定的答复，甚至得到了赞扬，下次遇到相同情境时做这件事的可能性就会提高。在管理上使用这种正强化方法，其实就是想办法让人学会肯定自己，从某种意义上讲，就是不断给予积极、及时的评价或者反馈，使人朝着好的方向发展。

在运用正强化定律时，应遵守以下原则。

一致性原则

一致性原则，指对正强化的内容、性质、标准要坚持一致，正强化所提供的各种反馈信息要前后一致，避免相互矛盾，克服不良情绪对正强化的干扰。

客观性原则

客观性原则,指正强化要客观公正,科学合理,不能主观臆断,以致使正强化不符合实际情况。只有客观科学地强化,才能切实反映人的行为,使他们心悦诚服,调动起工作和学习的积极性。违反此原则就会扭曲正强化的意义。

及时性原则

及时性原则,指评价和反馈需要及时、具体、明确。及时的正强化有利于人的行为与强化之间建立直接联系,避免无关因素的干扰。

引领性原则

正强化的目的是树立人的信心,而信心是人格的核心,因此,作为管理者,在正强化过程中的定位是引领、激发、协助、唤醒,而不是为了自己的面子和好处而实施正强化。

三、突破力:关键时刻敢于突破,敢于胜利

突破力就是在节骨眼上实现突破性的发展,让人心服口服。

对于个人或者学校,突破发展是最重要的发展原则。

(一)明确理念

突破发展的第一个问题就是明确理念。

我有幸参与诊断、把脉了超过两百所学校的问题,并促进了它们的内涵发展和实质进步,进入学校,首先要做的事情是找"魂",也就是明确理念。

一个人有"魂",一所学校也有"魂",是这个"魂"使得"整

体大于各部分之和",从而实现价值引领,最终走向文化育人、教育家办学之路。

学校的"魂"也就是办学理念,是学校最大的一笔精神资产,一所学校的"魂"应当是一个理念实践系统,而不是一句口号,从认识论到价值观,又从价值观到方法论,自成体系,在办学理念的领导下,变成学校的行动纲领,从而转化为教育生产力。

提炼、梳理一所学校的"魂"方法不一,一校一法,但离不开这几个关键词。

一是"传承"。前面的人"传"过来,我们要"接"得住,因此需要"抽象继承""现代阐释""道法术合一"。

二是"提炼"。基于校长内心深处的理想教育与教育理想,"提"出来一个东西,在实践中"炼"出来,然后梳理、验证为一个理念实践体系。

三是"生成"。最好的理念是有根的,因此,对于新学校而言,关键在于"引导生成",在校长及教师的群体性的内心成长这个问题上下功夫,再好的理念如果没有活出来,也没有意义。

四是"贯通"。理念千千万,有了一个理念,十年抓住不放,一以贯之,凡事彻底,持续改善,打通打透,落实到每一个实践环节,呈现在学校的细节上、学生的行为习惯上,这就形成了一所学校的文化。

对于个体或者家庭而言,明确理念也是一样的,只是说法不同,有人称之为"活法"。

(二)明确优势

一所学校走到今天是因为做对了一些事。如果再往下走遇到了些困难,很多时候是因为过往做对的事没有一以贯之、持续坚持。

"明确优势并加以正强化",是进入每所学校工作的第二步,在历史中,尤其在现任校长手中,把学校最有价值的东西找出来、擦亮、提纯,即"寻宝"。寻到"宝"后再发扬光大,而不是一上任就想着改革。

找问题、找缺点是世上最简单的事情,而找优势、找提质增值之关键点,还能不断"正强化",却需要哲学家的眼光、教育家的胸怀、政治家的格局。

(三)阶段发展

凡事整体地看、阶段地看、发展地看,这里的"看"实质是看清一所学校目前所处的发展阶段以及这个阶段里的所有要素,总体原则是:先发展后完善,边发展边完善。

一所学校的发展同样也有阶段性,首先要梳理清楚学校不同阶段的目标、定位、内容、效果,其次要将目前所处阶段要做的事情列出清单,并一条一条落实,扎扎实实完成好这个阶段的每一个任务,为进入下一个阶段提供稳定根基。

(四)战略突破

一个事业发展到一定阶段,有时会出现障碍、难题或瓶颈,无法超越,甚至会一筹莫展。这时候,就需要突破,就是找到一个突破口,这个口越小越好,把所有的力量聚集于这一点,突破而出,进入一个新的境界。

寻找突破口,实现阶段突破,实质是突破力的落实。一旦确定了突破口,压倒性投入,一举突破,进入一个更高的境界。

对于学校来说，不同时期的"突破口"不一样，打个比方，学校的发展就像一台越野车，有四个驱动、一个底盘、一个发动机。

前两个驱动：一个是升学成绩（做点：好题库、备考管理、尖子生培养等），二是学校口碑（做点：学校环境条件、学校影响力、毕业生状况等）。

后两个驱动：一是高效课堂（做点：三级课程研发、课堂改革、学科建设等），二是习惯养成（做点：常规习惯、人格化习惯、思维习惯等）。

一个底盘：师资（做点：名校长、名师成长等）。

一个发动机：学校理念，即学校文化（做点：提炼、提纯理念，并转化为学校文化与学校内涵发展整体解决方案）。

以上六个部位中，任何一个都有可能是我们在某一个阶段需要聚焦的"突破口"。一旦达成共识，确定了阶段的突破口，全身心投入，一举突破，就能进入一个更高的境界。

一所学校如此，一个企业如此，甚至一个政党、一个国家均适合此原理，它具有普适性。

*

在教育专业上，我们还可以学习一下日本管理学家大前研一的建构方法。

他在《专业主义》一书中提出四种能力，即先见能力、构思能力、讨论能力、适应矛盾的能力。这对我们有很大帮助。

（一）先见能力

先见能力就是在不确定的环境中能比别人更快地看到变化和发展

的趋势。先见能力的获得有六种方式。

首先是打破自己惯常的心智模式。我们人类的大脑有一个习惯，就是会把"新的信息"和"过去的经验或积累的知识"做对照，如果眼前的信息和大脑中储存的固有信息有冲突，就会在无意识中拒绝接受新的现实，因此，要洞悉变化，就必须能从经验和常识中跳出来，勇敢地走向不舒适区。

其次是享受变化。把变化看作常态，甚至机会，而不是看作敌人。改变是时刻发生的，是一种常态，与其把改变看成是潜在的威胁或问题，还不如张开臂膀，拥抱改变，把它们看成是机会。

第三是能接受必要的失败。对新变化和新趋势的正确态度是快速试错，然后不断地总结经验和教训，这样才可以得到新的知识和洞见。既然要试错，自然就会产生很多的错误和很多的失败，这是产生洞见必然要付出的成本，我们必须学会坦然接受。

第四是保持一种积极的紧张感。大前研一认为，保持一种积极的紧张感，总觉得自己所处的环境正在发生着什么，会让一个人变得更敏锐，更能感受到新变化和新趋势的出现。

第五是对事业倾注全力。愿意为事业倾注全力的人，才会时刻关注和思考自己的事业，自然也就更容易发现各种变化的趋势和征兆。

第六是磨炼直觉。很多时候，我们需要依靠自己的直觉做出快速的判断。

（二）构思能力

构思能力是指比别人更早预见到未来之后，有把蓝图变成现实的能力，也就是能把头脑中的洞察落地，变成一步步可执行、可操作、可实现的细节和步骤。

在构想落地的过程中，需要避免两个误区：一是总想着用老办法去处理新问题。很多研究都证明，人们通常习惯于用自己熟悉的方式去解决新问题，也就是所谓的"善于用锤子的人，总是把所有的东西都看成钉子"；二是总想通过什么顶层设计来解决问题。一个全新的问题不可能有任何系统性的解决方案，更不可能通过所谓的顶层设计来解决问题。把蓝图变成施工图，就是从具体的问题和要达到的目标入手，不断试错，快速迭代，小步快跑，然后逐步摸索出一个可行的解决方案。

（三）讨论能力

大前研一认为，在新的竞争环境下，行动上不断地试错、改变和调整虽然很重要，可也不能一味地蛮干，看不清前进的道路和成功的模式时，大家能坐下来充分地讨论，集合众人的智慧，可以少走弯路少碰壁，更快地探索出一个可行的行动方案。

讨论的能力也可以训练和学习。具体而言，包括以下四个要求。一是养成"问题面前人人平等"的观念，就是讨论问题时我们的关注点要放在"说的是什么"上面，而不要放在"发言人是谁"上面。二是讨论必须符合逻辑。大前研一认为，讨论需要有共同的语言，这个共同的语言就是逻辑。如果不符合逻辑，那讨论就是在抬杠，这样的讨论只是在浪费时间，不会产生任何结果。三是讨论中要保持一种平和的态度，要容得下别人。四是学会倾听，认真倾听别人的观点和观念，可以弥补我们个人的局限性，帮助我们更好地认识和解决问题。

（四）适应矛盾的能力

多数人的思维方式都有一个很大的缺陷，就是不能接受矛盾，总是用非此即彼、非黑即白的观念来框限自己，认定两种表面上冲突的力量或理念不能同时并存。唯物辩证法认为，矛盾是事物发展的源泉和动力。这也就意味着，如果不能接受矛盾，你对某个领域的认知就很难不断地深入和进步。

要形成适应矛盾的能力，需要做到以下几点。

一是我们必须形成一种观念，就是不要把真理的反面看成谬误，它可能是另一个真理，我们的认识是有局限的。

二是冲突之后的和谐才是稳定的。

三是面对矛盾，平静地接受，喜悦地参与。

四、表达力：让自己的口才变好，其根本是提升智慧

如果没有精准、深刻、通透的表达，教育就会显得了无生机，也无法集中力量打动人心。

好的表达就是说话让对方喜欢听，真动感情，真去行动。

关于表达，亚里士多德讲了四条标准：普通的道理；简单的字词；有节奏的句式或押韵；使人愉悦。

好的表达来自于以下几个方面。

首先，需要把书读透。有些书需要反复读，标注、记笔记、抄写重要的段落或警句，过些时候再读，直至在自己心里完全融化与消失。人与人之间的差距不是读了多少书，而是有没有读透过几本书，后者可以为师矣。

其次，在生活实践中提炼、萃取。提炼和萃取是见识的跃进和自我的提高，看见高于当下现实状态的另外一个维度，也就是在某个高度上不断发现事物背后涌动的动机和方向，提出具有引领性的情感导

向和精神状态。

最后，凿字、凿词、凿句。所有的表达都是由字、词、句构成的，所以需要下功夫。

（一）凿字

字是中国文化的根，我们虽然知道每一个字，但知道并非懂得。

每个字都是一间屋子，把自己缩小再缩小，干脆住进去，这时候再看世界，世界如此清晰。

我有一位在教育上的挚友，十几年以来，我们每个月都会有一次对谈，对谈的内容就是"凿字"，从一个一个汉字中体悟、品味教育的真谛，发掘每一个字背后隐藏的义理。

凿字的过程很慢，需要花很多时间琢磨、推敲，尤其是在实践中去磨去炼，把一个一个字植入内心然后活出来，润化自我，安住此刻。

同样的字在不同的人的心里含义有深、有浅、有精、有粗，是否能把握住每个字背后隐藏着的开阔和深刻，直接决定了一个人的文化底蕴。一个字凿久了，它会发光发热。

（二）凿词

着眼于词语，把自己对教育的认知固化成一套属于自己的词语，围绕着这些词语形成自己的教育理念体系，一个词语即一本书、一种人生。

词语需要不断盘玩、清洗，每一个词语就像一块玉，要用身体去触摸、温润，使之精妙绝伦。人的精神世界是由很多词语构成的思想的丛林，你选择使用什么词语，别人可以看到你怎样的精神特质和思想水准。

（三）凿句

圣贤讲："言之无文，行而不远。"一个人张口讲话，我们就知道他在什么层次上，而一个人的讲话水平最终取决于他所讲的句子。

据说蒙田写随笔，想到一个好句子就写在纸上，揣在口袋里，随时拿出来琢磨，反反复复几十遍，真正做到了语不惊人死不休，才有了《蒙田随笔》这样精绝的作品。凿句的过程是一个漫长的过程。

教育需要记录、积累好的句子，并且把这些好句子在心里面养活，有了自己体温的句子，说出来可以直接入人心。

*

孔子讲："文质彬彬，然后君子。""质"是本，是人的思想、水平、见识、眼界、能力等，"文"是文采、口才、推动力等。

文胜于质，则夸夸其谈，让人生厌；质胜于文，则说不透，说不明白，大家不会佩服你、跟随你。所以需要两者达到一种平衡，那就是文质彬彬之君子了。

进一步说，高水平的人确实需要好的表达，你掌握的知识更需要用好的语言或文字去表现出来，尽可能使人理解你，让朋友和知己越来越多，让敌人和误解你的人越来越少。

一个手不释卷、饱读诗书的人，能把三教九流的人甚至白丁吸引到他周围听他说话，这需要高超的表达力、感染力以及活化、透化的真知识。

林肯在这方面是一个杰出代表，他之所以为我们留下了大量既深刻又非常适合于口头流传的话，比如"一个人40岁以后就应该为自己的容貌负责""你可以一时欺骗所有的人，也可以永远欺骗一部分人，但你不可能永远欺骗所有的人"等，乃因其进行了二十年的自我强化训练，其训练方法就是不断提炼、萃取属于自己的好句子。

有人说，如果我们没有优质的汉语，就根本谈不上中华文明。对于教育者来说，一项重要的任务就是创造并运用优质的汉语。

瑞士著名的语言学家索绪尔编写的《普通语言学教程》对西方现代语言学有开创性的贡献，包括创造了很多新的概念，他是现代语言学理论的奠基者，但他并不了解汉语。世界上最隽永的语言之一是汉语，我们或许需要通过长期的探索、实践，编写一本《普通汉语语言学教程》，以指导中国人学会运用优质的汉语。

*

君子必贵其言。

说话其实是一门很大的学问，但说话的要害并非"慎言"，而是"贵言"。君子必贵其言，也就是要注重谈话的质量，对不同的人说不同的话，以少胜多，宁缺毋滥。

贵言才能赢得别人的尊敬，如此别人才会相信你，才会接受你的影响，由此就产生了教育。相反，废话太多，人就会身贱道轻，教育就不存在了。

贵言就是不轻易说话，一旦说了，每句话、每个字都很扎实，都有依据，都有所指，都很有用，绝不讲空话、大话、假话、套话、废话。

先贤圣哲给我们的忠告如下。

（一）讷于言敏于行

"讷"是迟钝的意思，说话很容易，所以要迟钝，要把持住自己的嘴，而身体力行却很难，所以要敏捷。

我们的问题通常出在说到了,事情却没做到,一不小心话说过了头;做呢,使劲注意,拼命努力,还是做得不够。

真正的君子,是话不说太满,但行动要敏捷,并能付出100%的努力,言能顾行,行能顾言。

进一步说,人的一切麻烦和祸患,与说话不慎重大有关系,所谓"祸从口出";而有德之人,往往更喜欢"闭着嘴说话",他用心去感应世界、传达意义。

(二)中人以上,可以语上也;中人以下,不可以语上也

"中人以上,可以语上也;中人以下,不可以语上也",这里的"中人",是指中等才能的人,对于"中人"以上的人,才能和他讲高层次的东西;而对于"中人"以下的人,要浅显通透,或者干脆少讲甚至闭口不谈。

(三)圣人辞不迫切

圣人说话不着急,不急于引导对方,更没有私藏不可告人的目的,不为私利,只是说出自己的观点,对方听也好,不听也好,都有耐心。我们做教育是去行道,当然要努力做到"辞不迫切",对方怎样反应不重要,不急于改变什么、强化什么,始终保持"不迫"的神色和语气,性缓语迟。

(四)有德者必有言,有言者不必有德

有德之人一定能讲出道理,而嘴里满是名言警句的人未必有

德。所以说话之前，一定要问自己两个问题：一是"我讲的话自己信吗？"；二是"我讲的话自己愿意照着做吗？"。

（五）以其人之道还治其人之身

君子教导人，就是用别人身上本来就有的、本来就懂的道理来诱导之，使人明白，使人自己去找答案。

（六）君子不辩

善良而有能力的人不需要与别人辩论是非，不会只用言论去证明自己是正确的。即使面对诽谤或者人身攻击，他也能用行动证明自己的清白。

当然，归根结底，教育不是靠一个人说的话或讲的道理，而是靠一个人生命状态的影响，一个人说话只是他生命状态的流露和释放而已，但这种流露和释放可以养成一种自然而有力的状态。

第九章
守住教育之道

一、向道之心比金子贵

对于教育者而言,向道之心比金子贵。对于大道,一生追求,夭寿不贰,修身以俟之,可以说,教育者生命的终极意义在于:朝闻道,夕死可矣。

我们经常讲,教育者需要离世俗远一些,离神圣近一些,力争要活在道心层面上。

道心是什么心?

孔子说:"君子忧道不忧贫。"

一是人若有了志向,关注点都在志向上,其他顾不上,真正担心的是自己学问还不够,本事还不够,修养还不够,所以需要赶紧努力。而因为没有志向,就一心谋食、谋利、谋名,被所谓的"机会"

所牵引，东奔西跑，二十年下来，"泯然众人矣"；

二是安于清贫，不改志向。孔子曾赞叹颜回：真是一个贤德之人啊，一天就吃一竹筐饭，喝一瓢水，住在简陋的小屋里，别人都忍受不了这种穷困清苦，但颜回却仍然不改其乐。颜回是孔子七十二贤之首，孔子对其也极为佩服和敬重。"安贫乐道"是儒家的重要价值观，贫穷不是一件快乐的事情，但是不为贫穷而焦虑，这确实是一种很高的修养。

关于道心，王阳明先生讲得更加彻底，他说，人没有两个心，只有一个心，没有夹杂人欲的就叫道心，夹杂了人欲的就是人心。人心如果归于正道就是道心，道心如果偏离了正道就是人心，并非有两个心。

我们再返回来看"道"这个字。

首先，"道"是自然之道、天地之道、为人之道，是常识，是规律。人之所以要修德，就是为了凝道，最终实现天人合一。

其次，道是方向明确的可行之路，有道无术，术可求；有术无道，止于术。明确了心之所向，然后才去追求道术合一、大道直行。道是无形的、无法表达的、无法看见的，但是道表现出来的形式和姿态就是德。

第三，在道上，就是每天按照义理去走。孟子讲："山径之蹊间,介然用之而成路;为间不用,则茅塞之矣。今茅塞子之心矣。"这就是成语"茅塞顿开"的出处。义理是人心的大路,物欲是人心的茅草,路要每天去走,日日不断,才会有路,否则,路就被茅草堵塞了。

二、教育的道是王道,而非霸道

道一般可分为王道和霸道。

天下有道时,人人尚德、修德,位置的高低由德行决定,所谓"王道";天下无道时,就尚武力,以强胜弱,以大欺小,所谓"霸道"。

孟子主张"师文王",周文王起于岐周,不过百里之地,而当时商朝正处于全盛之际。周文王修德行仁,近悦远来,奠定周朝巍峨大业,传承将近800年,是中国历史上最为长久的朝代。

教育之道是王道,崇德尚德,崇高尚高,哪怕只有一亩三分地,亦可"得天下",当然,这里的"得天下"只是一种自由王国的象征。

我们在这里推演一下教育的王道。

*

教育的王道,首先是"登泰山而小天下",就是调整自己的站位。

圣贤有诲云:"孔子登东山而小鲁,登泰山而小天下。故观于海者难为水,游于圣人之门者难为言。"

孔子登上东山，就觉得鲁国变小了；登上泰山，就觉得天下变小了。所以看过大海的人，别的水就不够浩瀚；在圣贤之门下学习过的人，别的言论就无法吸引他了。

这是讲圣道之大。圣道之大，在于所处越高、视下越小。始终站在高于矛盾的地方看矛盾，一切十分分明。

孔子的"登高"实质是一个隐喻，意思是一天天提高自己的站位，从而不知不觉地优化了自身的精神世界。

站位在高处，这就意味着教育者是布道者。一枝梅花是不需要布道的，它的暗香就是它的布道。王安石的"墙角数枝梅，凌寒独自开，遥知不是雪，为有暗香来"，正是教育者优美人格的写照。后来，林逋化用了"暗香"，拟诗"疏影横斜水清浅，暗香浮动月黄昏"，进一步深化了这种超凡脱俗的意趣，言近旨远，成为千古绝唱。教育的极致，是教育者化解了无数的孤独、寒冷、黑暗、痛苦之后，终于绽放开来，以暗香而唤醒更多人的灵魂，春风所及，满目生机。

*

教育的王道，第二是"礼乐无处无之"。有智慧的人总是能看到事物的内在秩序。

古人讲的礼和乐，礼是一种秩序，是人与人之间保持合适距离；而乐则是音乐和舞蹈，"和谐"是其精神。

世上的万物之所以存在，皆因内中有某一种秩序。有智慧的人看得见内里那种秩序，所以他能始终站在规律上说话。

即使盗贼团伙也有礼乐之义理，否则不能相聚为盗，成不了事。

宋代大儒程颐关于秩序的深解：

礼只是一个序，乐只是一个和。只此两字，含蓄多少义理。天下无一物无礼乐，且如置此两椅，一不正，便无序，无序便乖，乖便不和。又如盗贼至为不道，然亦有礼乐。盖必有总属、必相听顺，乃能为盗，不然，则叛乱无统，不能一日相聚为盗也。

读来让人深思。盗亦有序，强盗是坏人，但也要有秩序，因为要有头目，下级必须服从上级，必须有忠有敬，有严格的规矩，否则组织不起来，也干不成事，要比许多企业、组织讲究多了。

礼乐乃教育的韵律也，所有的教育都在这个韵律上起舞。

*

教育的王道，第三是"君子上达"，就是相信积累，一切都是积累起来的，而不是抱着侥幸之心，破格获取或者巧取豪夺。

孔子讲，"君子上达，小人下达。"

"君子上达"，君子志有定向，每天想着如何进步，而进步来自于积累。世界上最惊人的变化是积累的变化，每日有进步、有收获并能保持住，时间长了，不知不觉精神底盘变得厚实，精神变得丰盈。

"小人下达"，是指人的退步也来自于积累。小人因为志无定向，迷迷糊糊，"脚踩西瓜皮，滑到哪里是哪里"，即使偶尔有些收获，也未能加以积累、沉淀，到最后还是两手空空。

积累的含义：

一是日拱一卒，不求日进斗金，但求日日有收获，月月有积蓄，年年有余粮；

二是颗粒归仓，一分付出一分收获，无论收获再小，颗粒归仓，时间长了，一定会丰收满仓。

无论是孩子的学习，还是教育者的自我教育，积累是王道，要相信积累，相反，总是想走捷径、想弯道超车，要知道，所有的捷径都是骗人的，所有的弯道超车迟早会翻车。

*

教育的王道，第四是"用师者王"。就是向比自己学问高的人多请教、多提问。

曾子讲："用师者王"，就是尊奉真正贤能之人为老师，从而"王天下"成大功。"用师者王"，这里的"用"不是利用，而是敬。

我们看一所学校好不好，就看从校长开始自上而下是否敬老师，敬专家，敬退休的校长、教师，敬是实际行动，不是只停留在口头上。

*

教育的王道，第五是"至诚无息"，意思是至诚永无止息，而没有止息就会保持长久。

"诚"是中国文化的根本基因，如果说要建立中国文化的理念体系，首先要系统地解码"诚"这个字，把它放在核心的位置上，上供，中修，下化。

"诚"的本义："真实无伪曰诚"。

比如，学生为什么学不好，一个主要原因就是不诚，老师问"这道题会了吗？"不假思索就回答"会了"，其实没有真会，骗自己，也骗老师。而真诚是什么？真诚就是下笨功夫，真想学好很简单，比如做题时，别人做一遍，你做一百遍，把做了的每一道题做到极致，就没有学不好的。而有人会说自己没有那么多时间，则又开始"自欺欺人"了。

（一）诚是天道，思诚是人道

《中庸》里说："天地以至诚生物，不诚无物。"天下之物都有一个真实无妄的天理、物理，因为这个理，它才生成物，如果是另外一个理，就生成另外一个物了，所以说，诚者，物之所以自成也。人也是自成的，张居正说，实心尽孝，才成为人子；实心尽忠，才成为人臣，所以说人都是自成的。

孟子讲，诚是天道，思诚是人道。所谓的天人合一，就是指天和人在"诚"字上合一。

（二）诚的关键在于纯度

诚，简单讲，就是守时守信、言行一致、知行一体。这个要领大家都知道，也尽量这么做，但为什么没有产生神效呢？因为纯度不够！

一旦把这个"诚"字以100%的纯度活出来，就会转化为人和人之间的信心，我们能感应到这种信心在人心之间流动的节奏和韵律，这时候，语言是多余的，一切事情都会变得极为流畅、顺利。

（三）至诚无息的实践

至诚无息就是"把心都掏出来了"。

一是对所有的人都诚，任何时候都诚，没有例外。

二是诚不是拿来要求别人，至于别人诚不诚，是由我们自己内心的诚的程度所反映出来，而不是我们要求出来。

也许有人有疑惑了，在讲真话和讲假话之间，怎么把握这个度？季羡林先生曾说："假话全不说，真话不全说。"就是不一定把所有的话都说出来，但说出来的话一定是真话。这不是"度"的问题，而是诚于中而形于外，就是慎独，不要求别人，只要求自己。

*

教育的王道，第六是"圣人之化，由近及远"。

圣人之化，由近及远，即先从近的地方、小的地方、实的地方开始，让周围人得以教化，然后由近及远，一点点往外推，直达全世界，也就是说，教化从来是从自己身边的人开始，修己以安人，从父母、爱人、孩子，再到老师、学生、朋友、同事，再到其他认识的人，最后到天下不认识的人。

当然，远和近不是现实的距离，而是把心定在何处的问题。孔子说："近者悦，远者来。"就是说，近处的人喜悦了、舒心了、幸福了，远处的人就会前来，如果远处的人还没有来，唯一的原因就是近处的人还不够喜悦。

*

教育的王道，第七，也是最重要的是"归位"。

物有定所者曰"位"。人只有找到了一个合适的位置才会发光。孔子讲"为政以德，譬如北辰，居其所而众星共之。"意思是，以

"德"为总原则治理国家,就像北极星一样处在一定的位置,所有的星辰都会围绕着它。

《中庸》是关于"位"这门学问的集大成者。

一是"君子素其位而行,不愿乎其外","素"是处在,"愿"是羡慕。君子很清楚自己所处的位,根据这个位的要求来说话、做事,也不会对自己的位不满,守住本分,不羡慕别人。

二是"致中和,天地位焉,万物育焉",意为达到了中和,天地之间的一切归位了,万物便生长发育了。

关于"位"的学问,下面做简单介绍。

(一)归位

人与物都要在某一个合宜的位置上才有价值,所谓"在其位,谋其政"。始终知道我们是什么人、担当什么使命,归其位,则致中和,则天地位焉,万物育焉。而归不了位,就是灵魂回不了家,父亲不像父亲,母亲不像母亲,老师不像老师,学生不像学生,医生不像医生,领导干部不像领导干部……则乱矣。归位,让自己心神安定、从容自若,就像回归到母亲的子宫里那样舒服。

(二)定位

当我们砥砺前行到了一定高度之后,关键是"定"住,定不住,又滑回去了。定位的"定"就是保持住。一生之修道,莫过于"知止"二字也,即,知止而后有定,定而后能静,静而后能安,安而后能虑,虑而后能得。

（三）到位

天下之难，难在"到位"。到位就是凡事彻底，每一步都做到100分。只是"感觉可以了"，其实一个天上一个地下，差之毫厘，失之千里。孟子讲"羿之教人射，必志于彀"，意思是，羿教人射箭，一定要把弓拉满，尽全力。

三、守住不变的，才能应对变化的

不变的是道，变化的是术，守住不变的，才能应对变化的。

"闲坐小窗读周易，不知春去几多时"，应当是我们心向往之的一种美好意境。我们的儒家、道家以及诸子百家，都受益于《周易》，甚至有人说，一切的中国传统文化，其源头都在《周易》中，似乎也有一些道理。

在《周易》博大精深的学问里，最基本的就是三个"易"：变易、简易、不易。

（一）变易

《周易》告诉我们，天下之万物、天下之事以及每一个人，没有一样是不变的，每一秒都在变，我们应当主动去适应这种变化，适应的方法是"学习"，就是"不断自我更新"。

（二）简易

天地万物有太多的东西是我们的知识、经验、科学所不及的，是不能完全掌握的。而《周易》的精妙之处就在于将复杂的问题简单化，举一个例子，古人的"掐指一算"就是简易之术，他们把八卦图排在指节上面，再加上时间、空间、数理，结合起来，就可以知过去、晓未来。

"简易"对我们来说就是三个学会，一是学会概括、提炼、建立体系；二是学会掌握因果关系；三是学会诘究本末，凡事都有本、有末，分清本末、先后、终始，则万事洞明。

（三）不易

万事万物都在变，但有一种东西是永恒不变的，就是变出万象的根本是不变的，那个东西是什么呢？原始先人叫它是"天"，宗教家叫它是"上帝"、是"神"、是"真主"、是"佛"，哲学家叫它是"本体"，科学家叫它为"功能"，而老子因为叫不好它的名字只好暂且叫"道"，我们应当相信它就在山顶上，它在看着我们，这个世界都由它掌管。

守住不变的，才能应对变化的。世间一切都是变化的，不变的是自己内心对大道、对义理的坚守。

*

守这个字说起来容易，做起来不容易。

坚守的力量来自于信，守是果，信是因。而知道和做到之间就隔着这一个字：守。

首先，守住自知之明。

知道自己的定位以及言行举止的边界，这样的人是明亮的、清晰的。

其次，守住孩子的天赋。

活在自己天赋里的生命才能熠熠生辉。上天给你堵住了一条路，一定还给你留了另一条走得通的路，从无例外。

第三，守住经验。

成和败都会在我们的内心里刻下印迹，这个印迹就是经验。守住经验就是在教育过程中总结经验，并加以概括、提炼，成为自己的财富。

第四，守无。

对于道，要有发自内心的、朝圣般的向往与追求才能抵达。

守无是守的万能之策，是教育者最高级的智慧所在。教师和家长若能守无，则自己身上就百药齐全，智慧自生，无须外求。

"无"这个字背后的空间是最大的，我们可以尝试着缩小自己，住到这个字的里面去。

老子最早阐明了"有无"的关系："有之以为利，无之以为用"；孔子讲"无"："君子食无求饱，居无求安，敏于事而慎于言"；《金刚经》讲"无"："一切贤圣，皆以无为法而有差别"。

鲁迅则说，"唯黑暗与虚无乃是实有"等。

有和无是相对的。比如，我们知道的知识，其实相对于我们不知道的知识是极少的，少到可以忽略不计；再比如，我们拥有的东西，相对于世界上所有的东西而言是不值一提的。

（一）一无所知

自称"废画三千"的山水画大师李可染先生在他七十岁时特意找人刻了一方印章，内容是"七十始知己无知"。新金陵派大画家亚明先生七十八岁弥留之际,在病榻上写下了"中国画未能画出点名堂,是最大的遗憾。"

"知己无知"是彻底的谦卑,是无我的敬畏,是毫无杂质的深信,从而拥有一颗朝圣般纯净、虚空的心灵。这是人生最高的智慧,所有其他的智慧都从这里长出来。

做教育容易犯的一个毛病是追求所谓"自己的东西"。前人的学说已很完备了,非要标新立异,搞一套自己的东西;上课的时候向老师提问,是为了显摆自己的观点,以图胜过老师;读圣贤经典,想着怎样批判或者超过古人,打着"批判性思维"的旗号,以显示自己有思想、有水平。需要说明一下,我们以往把critical thinking翻译为"批判性思维",是不准确的,容易误导人,准确的翻译是"审辨性思维",也就是圣贤讲的"审问和明辨"。

(二)一无所有

人往往是因为不够自信,才不敢表现出自己的"无",所以都在"装",有一句话说得好:你越是缺少什么,就越是炫耀什么。

我们的"有",比如你有十亿元的财富,相对于浩瀚的宇宙、丰饶的地球、全世界的财富,几乎接近于零。

(三)一无是处

是和非是相对的,我们认为的"是"往往可能就是我们的偏见,所以,干脆把自己放到一无是处的位置上,以虚心接纳万般智慧。

对和错也是相对的,我们不可能永远都对,犯错是必然的,被冤枉也是必然的,要有平常心。

可怕的是错而不认，错而不改，竭力文过饰非、努力辩解，这时，你在别人眼里分量很轻，甚至就把你当作一个"小人"。

（四）一无所求

人和人最真诚的表达往往是无声的，对周围的人没有期待和要求，这时人活在喜悦中，默默地积累自己的厚重。

喜欢上了一件事情，并且把它做到极致，本身就是一种福气，不用求，所有的东西都会来。

教育者的"无"，打一个比方，就像沙子、水泥、石子用水搅拌在一起，成为混凝土，可以盖大楼。等楼盖起来了，水会挥发掉，看不见了，但大家都知道，水曾经发挥过作用，这里的水，就是"无"。教育者的存在就是水的存在，面对学生的成长，开始是看得见的，等学生成长起来以后默默地离场，毫无声息，但起过决定性的作用。一种生命的意义叫作"无中生有"。

第十章
教育的情怀,教育的格局

一、仁爱——心怀仁慈,所见皆是美好

大先生之大乃仁慈与宽厚也,而非学问或智慧之渊深。

我们化用朱熹在《近思录》中对明道先生的描述,来阐述"大先生"的定义——先生接物,辨而不间,感而能通。教人而人易从,怒人而人不怨,贤愚善恶咸得其心,狡伪者献其诚,暴慢者致其恭,闻风者诚服,觌德者心醉。虽小人以趋向之异,顾于利害,时见排斥,退而省其私,未有不以先生为君子也。先生为政,治恶以宽,处烦而裕。当法令繁密之际,未尝从众为应文逃责之事。人皆病于拘碍,而先生处之绰然;众忧以为甚难,而先生为之沛然。虽当仓卒,不动声色。

仁,瓜子仁、果仁,说明"仁"是种子,是生命乃至智慧的

根源。

孟子讲"居仁由义",意思是仁是一间屋子,当我们住在其中的时候不忧、不惧、不惑,该怎样就是怎样,随心所欲而不逾矩。

仁作为一间屋子、一个空间,它的结构是这样的。

首先,恻隐之心

仁即恻隐之心。恤老怜贫是人之常情,遇见可伤可痛之事,生发不忍之心,是人区别于动物的重要特征,时时坚守自己的恻隐之心,人性之光便时时闪耀。

其次,知者乐水,仁者乐山

这是此空间的支柱,起着支撑的作用。

孔子讲:"知者乐水,仁者乐山。知者动,仁者静。知者乐,仁者寿。"意思是,水是流动的,智者乐意运用他的才智,贡献给社会,像水一样不停息,做起事情来,剖决如流,乐此不疲,他很快乐;而山是静止的,高山仰止,万民仰望,它是一个平台,万物都可以在这里生长,谁也不嫌弃,厚德载物。

第三,仁者不忧

这是此空间的舒适度。我们的忧虑往往比疑惑还多,忧什么呢?不是先天下之忧而忧,都是在忧自己,忧自己的得失而已。

第四，我欲仁，斯仁至矣

这是此空间的价值所在。张居正讲：仁是纯乎天理，没有一点点私心杂念，没有一刻停息，才叫作仁。

对于教育而言，教会孩子做人是核心任务。而教会孩子做人的起点应当是让孩子坚信自己是好人，并且始终用好人的标准要求自己。

孔子说，"仁远乎哉？我欲仁，斯仁至矣"，启发和唤醒孩子内心"我欲仁"的良知，是取得教育时效性的重要途径。

在所有动物中，只有人具有"自我意识"。教育的一个重要任务是引导人们加强自我意识，建立良好的自我概念，这个过程叫作"自我教育"。事实上，一切教育都将归结于自我教育，其关键是建立良好的自我概念或者自我信念，即"我要做一个好人。"

尤其是中小学阶段，"我欲仁"，即"我要做个好人"，是最为关键的教育，做到位了，才能引导孩子摆脱成长中尤其是青春期的烦恼和心狱。

*

爱，我们很熟悉，也会背诵很多关于仁的句子，比如孟子讲："仁者爱人，有礼者敬人。爱人者，人恒爱之；敬人者，人恒敬之。"

在教育的空间里，爱是灵魂，没有爱就谈不上教育。

但，人们往往知道爱的意思，但未必知道怎样去爱。

（一）爱是有顺序的，顺序不能乱

爱有顺序，即，亲亲、仁人、悯物，三个等级，其中，亲亲为大，首先是爱自己的亲人。自己的亲人跟别人不一样，所以一定是首先、首位的，然后由近及远，爱朋友，爱同事，爱家乡人，爱天下人，能爱天下人了，然后再爱护动物，爱护一草一木。这就是爱有等级，远近亲疏。

（二）爱，有真爱，也有假爱

史铁生在《命若琴弦》中写道："人不能没有爱，尤其不能没有所爱。不能被爱固然可怕，但如果你爱的本能无以寄托就更可怕。"

高尔基也曾说，"爱孩子，这是母鸡也会做的事，但要善于教育他们。"

爱是人类得以发展、进化的原动力，它深藏于地球的最深处，就像永不枯竭的核能，在掌管着这个世界。人来到这个世界上，只有两件事是宿命性的，也是根本性的，一是爱，二是创造，创造是人的生命因为爱的一种盛开。

夏丏尊先生干脆说："教育之没有情感，没有爱，如同池塘没有水一样。没有水就不称其为池塘，没有爱就没有教育。"教育的一项重要的任务是培养爱的能力。

然而，爱有真爱，也有假爱，真爱养人一生，假爱害人一生。真爱是尊重人格、不求回报、没有条件的爱。

如何辨别真爱？首先，对方感应不到爱就不是真爱；其次，真爱就意味着心往一处想；第三，真爱会把对方看得很重，且能自觉地收敛、随意和任性；第四，真爱会因为照顾对方而感到喜悦与满足。

教育的秘诀是真爱。真爱是教育的终极答案。

教育的本质要求我们去照顾他人，去关切、去同情最普通人的命运和情感。

对于教育者自身而言，也需要有一个足够强大的精神力量来支撑，不然，道高一尺，魔高一丈，到了高处将遇到更大的阻力。

这种精神力量叫"慈悲"或者"悲悯"，就是"敬天爱人"，这是中国文化的根本精神。

慈悲之心是一股清流，就是人以一己之身的善意与温度，去抵挡人世间的冷漠与苦难，唯有沉潜于内心深处的力量让我们越过一个个的心魔，走向更加高远的空间。

人的认知有局限，而慈悲可以到达任何一个地方，穿透一切世俗所造成的人和人之间的障碍。

教育的发生，首先要激发自己的慈悲心，伟大的教育者把天下的孩子看成自己的孩子，把天下的父母看作自己的父母。孩子成长过程中会出现不同的问题，教育者的慈悲心到了，一下子就能察觉到孩子哪里痛、哪里难过、哪里纠结。

大学者刘文典曾以"观世音菩萨"喻作写文章的秘诀。这对于我们的教育也有启发。

第一个字："观"

观，大度看世界。大度可以是无限大，在宇宙之外看世界，地球也只是一粒尘土，何况地球上渺小的我们。大度，也可以无限小，洞察细节，尽精微、致广大。在生活与工作中，如何驾驭自己？关键在细节上、在分寸上去驾驭。

观，是思维的一种反映。人的思维有三个元素：

一是"洞察"，即"一下子抓住事物的本质"；

二是"想象",即"发散、延展一切可能性";

三是"变通",即"发现或创造条件,充分发挥条件之作用,以适应变化"。

这三个元素就像三个两两相交的圆,三者交集处即为观点或者立场。最终决定你行为的恰恰是你的观点与立场。

观,实质是心灵感应。在《小王子》中,狐狸和小王子道别时说了一句话,"重要的东西用肉眼无法看见,我们只有用心灵才看得透彻。"真正的"观"是用心灵去感应,就像用手电一样,用一道光扫过去,心到了才可知晓究竟始末。

第二个字:"世"

世是以出世的生命状态扎实地入世做事。

首先,我们的身体可在世俗中去锻炼,但心必须远离世俗。事实上,身与心清晰地分离出来的人都是非凡之人。

其次,化大为小。再大的抱负、理想都应化作手头上的每一件事情,充满敬意地、扎扎实实地做好它,做到100分,我们的心就走向了神圣。

最后,培养做事的意识与能力。世,即人情世故、世道人心,这就意味着,我们应关注人性,了解人情之特征,掌握事物发展的阶段性、突破性之规律;关注经验,关注现实可行性,关注过程,形成自己面对挫折、困难、失败的技术,掌握人生中的大规律,并强化性格中那些有竞争力的因素。

第三个字:"音"

音是一种内在的秩序、本然的规律,一种节奏和韵律。

任何生命的美好与壮观皆因其内在存在一种秩序。理解了这种秩序,可以说"你懂了",但只是听其声而不闻其音,均未真懂,或者只知其一,不知其二,只是一种成见罢了。

所谓的话语，都只是"声"，而不是"音"。"音"是言外之意。听一个人讲话，最重要的是接收到言外之意。比如学生听课，最重要的是与老师心领神会，做到了这一点，他才会有真正的收获，否则理解不到知识背后的东西。

嘴巴的品质是耳朵培养出来的。倾听是人的第一素质。会说能说的人很多，会听的人却少之又少。而事实上，善于倾听的人说话的质量一定很高。

最后两个字："菩萨"

菩萨无分别，无执着，不断给予别人、救护别人。

教育客观存在一种内在的美感——"菩萨心肠"，即"我们总是希望别人比自己好"，这是其他职业所不具备的。

好的心肠是用好的东西喂养出来的。不好的东西进入了肚肠，心会烦乱，搞不好心肠还会变坏。从精神上来讲，主要是要攻读经典，让经典占据并主导我们的心肠，储备好它，关键时它会起作用。

二、敬畏——教育的智慧因敬畏而生发

对于教育者而言，唯一可以用来安身立命的东西必定是这个"敬"字。心怀敬畏，这是教育情怀最精确的描述。

我常常觉得，我们是幸运的，因为有圣贤先哲的指导而拥有了"敬畏"这一扇门，只要轻轻一推，即可进入一个充满灵性、开阔、深远的空间。

在教育的道上，我们首先见证到的是敬畏心。一个人的敬畏心升起来了，他就会主动发展并自主自律，在任何事情、任何人面前保持庄重。

一次，有人对孔子指指点点，子贡说了一段话："夫子之墙数

仞,不得其门而入,不见宗庙之美,百官之富。得其门者或寡矣。夫子之云,不亦宜乎。"意思是,我师父道德尊崇,仰之弥高,他的门墙有数仞之高,如果不得其门而入,站在外面看只看见墙,看不见里面的气象和威仪,这不奇怪。

这段话讲得太好了,说明做学问、做教育、学本事,要进去学,而不是站在外头看,也就是要设法"得其门而入"。

而"得其门而入"就只需要做好一个字:敬。

马一浮先生一生主张"主敬为涵养之要",对民族的历史,对先贤的智慧,对高于自己水平的人,有一种温情与敬意,小心翼翼地走到里面去,一字一句切己体察,事上琢磨,知行合一。

对于教育也是如此,要入门,首先要有敬畏之心。

敬畏之心究竟是什么心?

孔子讲:"君子有三畏,畏天命,畏大人,畏圣人之言",人因为心中有畏故而有敬,有敬反过来又生畏。而没有敬畏之心的人,什么话都敢讲,什么事情都敢做,"自作孽,不可活"。

首先是敬畏天命。人来到这个世界,上天一定赋予了他一种使命,只要他能找到这个使命,并为之做出不懈努力,他就会安心,性与命吻合在一起,就成为一个真正的人。许多人四五十岁了,仍然揪心、不安心,乃是因为他始终没有找到自己的使命。

其次是敬畏大人。朱熹讲,四书之首《大学》是指"大人之学",大人是指有大的情怀、大的理想的人,因为他有情怀有理想,所以会呈现给我们一种气势、气象、格局。我们应当敬畏大人,因为他地位高、德行高,我们应当尊重之、模仿之、效仿之,学习他的礼、义、信,模仿他如何临事、待人、接物。在生活实践中,"大人"实质上就是"比我们水平高的人",他们站在高处,眼界开阔、深邃,他们到过的地方我们不曾到过,他们身上的修养、德行、底蕴引人入胜。如果遇见了比我们水平高的人,一定要心怀敬畏。与"大人"相对应的是"小人",小人只想自己那点事,从不考虑他人、社会,天天无视规律的存在而竭力破格获取一切。

第三是敬畏圣人之言。圣人之言言简意赅、意涵深远。他们的知识或许不如现代人丰富,但他们的判断力和认知力却穿越时空。他们到过的地方我们没有去过,他们把自己见识到的事情告诉我们,我们应当敬畏之,上供之,中修之,下化之,努力将之活出来,绝不可调侃、妄论、轻慢。很奇妙的是,一旦敬畏之心被激发出来,我们会感动,一感动便开启了智慧之门。

我们敬天命,敬高于我们的人,敬圣贤,无论敬谁,我们都能从他那里得到真诚的启迪,教育本身就是敬的学问,一切的教育智慧因敬而生发。

其实,敬是没有边界的,应当敬一切人。但,面对水平或许比你低的人,你为什么敬不起来?那是因为你没有意识到,作为天地间的个体,自己是多么弱小与无知。其实,人人都有值得敬的地方,且你敬别人,别人也敬你,敬在两颗心之间流动,这已经超越了身份、知识、思想之高低,是生命与灵魂之间的回响。

*

敬畏之心来自于哪里?

一是来自于我们深知自己的渺小、无知。

一个人在自己的领域里钻研越深、收获越大,他会感觉到自己越无知,也越能尊重别人的专业。

当一个人自大时,他已经活在自己的执着里了,其实是在折磨自己。

谦卑才是人生中最舒服的位置，找到这个位置并安住其中的人，才能真正理解不忧、不惧、不惑的含义。但难免有时会走出这个位置，比如多喝了几杯酒的时候，其实也不要紧，要紧的是，知觉后马上悄悄地归位，动而复归于静。事实上，归位是喜悦的，放肆反而是痛苦的。

二是来自于我们深知"我们每一个人都是幸存者"。

孔子讲过很重要的一句话是："人之生也直，罔之生也幸而免。"意思是说，人能够生存于世，并得以善终，那是因为"直"，那"欺罔"之人也能生存且得以善终，是上天还没顾得上他，纯属侥幸罢了。

"直"，诚也，诚者，内不自欺，外不欺人。人能诚，一言一行皆有恭、敬、忠、信，则天会助他，行事如有神助。

"罔"，自欺欺人也，人若不诚，欺天欺地欺自己，不忠不信不恭不敬，没有人祸也会有天灾。如果居然没事，活得好好的，那是因为上天打瞌睡，还没顾得上惩罚他，侥幸而已。

知道自己是一个幸存者，就懂得戒慎恐惧了，此时，敬畏之心油然而生。

*

心中有敬，才能成人；心中无敬，就失去了一种保护，容易被人灭、被天灭。

心中有敬，这就意味着：

（一）以虚受人

"君子以虚受人"，这句话出自《易经》。说的是，人必须时常清空自己，清空内心里的私心、私物、私念，让自己始终处于虚空的一种状态，以虚心的态度接受、容纳他人。

（二）逊志自得

"逊志"，谦逊之意，意为"谦逊其心，敏而好学"；"自得"，是自己有收获，就是听别人讲课、读别人的书，不是关注别人"讲得对不对、好不好"，而是只问自己有没有收获。

（三）以信养敬

人人都希望别人敬自己，其前提是你先敬别人，但很难先敬别人，因为我们心中没有信，信是敬的根。

如果有人敬你，你得接得住，所谓"接得住"，那就是按别人敬你的标准活着，待人接物，依德而行。如果一时没有人敬你，那就反求诸己，在自己的德行上下功夫。

三、感恩——心怀感恩，所看见的都是感人的

恩是人性中最闪亮的一种精神，是全人类共通的美德。

恩，某种意义上，就是懂得去照顾别人。

美国杰出的人类学家玛格丽特·米德，曾经只身去了一个太平洋上的小岛，写了那本著名的《萨摩亚人的成年》，让人们开始思考文明的起源。

在一次公开讲演后，一位听众向玛格丽特·米德提问：发掘出一个

原始部落的遗址后,您怎么判断这个部落是否已进入早期文明阶段?

玛格丽特·米德的回答是:文明的最初标志是部落里出现受伤后又愈合的股骨。

她解释说:在一个完全野蛮的部落里,个体的生死纯粹取决于残酷的丛林法则,优胜劣汰,除了少数特例,多数受伤的个体都无法生存下去,更别说等到骨伤痊愈了。如果在一个部落的遗址中出现了大量愈合的股骨,就说明这些原始人在受伤后得到了同伴的照顾和保护,有人跟他们分享火堆、水和食物,直到他们的骨伤愈合。

最后,米德意味深长地说,大量愈合的股骨标志着原始人类开始懂得帮助别人、照顾别人,而这也正是文明与野蛮之间最根本的区别。

*

在中国文化中,恩就是"舍",就是"给予",就是"利他",就是"贤者后乐"。

给予是人最美的姿势,给予让我们的生命充满意义,予人玫瑰,手留余香。

孟子认为,"利他"是快乐的逻辑起点,仁义里面有利益,但利益里面没有仁义,在仁义之中,利他利天下,其利无穷大,与天下同乐,天下因我而乐,其乐无穷尽。

后来日本的企业家稻盛和夫抓住"利他"这两个字,构建了自己企业的核心理念,把两家企业做成了世界500强。可见,抓住一个东西,终生不放,一以贯之,可以成事。

*

感恩就是理解别人的不容易。感恩心重的人获得的托举和支持很多，别人愿意去托举他、去成就他，不是因为责任，而是因为发自内心的感动和敬惜。

很多孩子的开窍都始于对父母的感动和感恩，很少有人在父母的大道理中开窍，一旦被父母的背影、双手感动了，孩子就知道了应当如何为自己奋斗。

关于恩的问题，还有一个字不能回避，就是"孝"字。孝是感恩的极致，"孝"这个字在中国人心中的分量很重，甚至有点沉重。

行孝不是成全父母，是成全自己。

王阳明先生问弟子们："孝敬父母知道吗？"弟子们说知道，王阳明先生说："不，你们不知道，你们只是知道孝这个说法，并不是真知道，你们只有真去行孝了才知道。做到了多少，你们就知道多少，没做到的，你们还是不知道，这叫知行合一。"

孝敬有一个最低标准，也有一个最高标准，做到了，便是真的孝敬。

最低标准是什么？孔子有一句话，"父母唯其疾之忧"，你别问能为父母做什么，能做到不让父母为你操心就是孝敬。但生病难免，除了生病父母可以为你操心，其他的事情，如找工作、找对象、买房子，不让父母操心，更不用担心你学坏，对你一百个放心，这就是孝敬。

最高标准是什么？还是孔子的两个字："色难"，最难的是任何时候保持和颜悦色，《礼记》有言："孝子之有深爱者必有和气，有和气者必有愉色，有愉色者必有婉容。"没有一丝一毫的厌烦，永远不会给父母脸色看，这个最难，所以是最高标准。

孝敬照着这两个标准做就行。

*

孔子说:"何以报德?以直报怨,以德报德",孔子的意思是,如果你以德报怨,那用什么来报德?所以要以直报怨,以德报德。

(一)以直报怨

什么是"直"?《论语》里没讲,朱熹注解为"至公而无私是为直",意思是一切以义理为准绳,不要替天行道,也不能"你不仁,我不义",公平无私即为"直"。而"以直报怨"的实践性在于如果你的修养达到了高度,对别人的怨就可以放下,别人对人不义,你却能以内心的喜悦、从容来应对,泰然处之。

(二)以德报德

在报恩的问题上,要感恩,不要报恩。受了人的恩惠,不要当成负担,成天想着怎么回报,这就成了利益交换。但你要用一颗感恩的心去对社会、对所有人。别人帮助你,是因为你值得帮,于是,你也去帮助其他人,也不图回报,求仁得仁,以德报德。

教育者的精神结构中不能缺少"恩"这个字的支撑,而真正的恩是以直报怨,以德报德,而不是被小情小义所局限。

四、包容——心怀包容,人和人之间就没有冲突

容的本义是:"有所盛受曰容"或"犹言深藏若谷也"。

很多教育的难题都可以在"容"这个字里得到化换和解决,然后出现转机和发展。

茶壶因为能容得下茶叶和开水,才能泡出一壶好茶来,我们讲一个人肚量大,也是说这个人能容得下更多的东西,能容得下更多的人。

宽容的精神就是儒家的恕道,其做法如下。

首先是接受差异,容得下别人。一个人越往前走,取得的成就越多,所遭受的委屈必然也越多,不能让委屈揪紧我们的心。

其次是化解。容与融化的"融"是同样的意思,就是说,来了不好的东西,我们都能化掉。就像化雪,温度上升了,雪就融化了,是自然而然的过程。

第三是道器合一。制壶大师顾景舟先生有一个见解,他说:"一件佳器的内涵必具备三个因素——美好的形象结构、精湛的制作技巧和优良的实用功能。"此亦为道器合一的三要素。

第四是容易。容易,能容则易,不能容则不易。内心容得下别人,特别是在别人做了对不起自己的事情时,能替对方着想,"人家也不容易"。

*

人和人之间没有包容心,就会只剩下冲突,在教育上,包容不了缺点就培养不了优势。

怎么做到包容呢?就是"无众寡,无小大,无敢慢",也就是"放下分别"。

佛教中有一个词:"众生平等",意思是,无论是强是弱,是贵是贱,还是信仰不同,对整个大自然来说,一切众生都是平等的。

老子的忠告是"万物皆为刍狗",当我们站在足够高的地方去看,马路上的宝马、奔驰与夏利、奇瑞是没有差别的,都是火柴盒般大小的汽车;当我们的心还在低处时,就必然会去计较是非、对错、异同、好坏等。

人与人之间不尽相同，各有特色，这是客观的，只是我们需要去"看平"，而看平，则需要消解自卑与傲慢这两种心理，着力点是"保持谦卑"，即无论对方是高还是低，始终保持谦卑，对别人产生真诚的兴趣。

师德的养成也从"平等"两字开始，尊重每一个生命，包容参差，由近及远，向外推广，直至把天下所有的孩子看作自己的孩子，把天下所有的父母看作自己的父母。

我的教育笔记里有一个很好的故事：

有20个小和尚和一个方丈住在一个寺院里，每天学习、打坐，生活得很快乐、很平静。

这一天，又来了一个小和尚，这是第21个小和尚，这个小和尚来了以后，很快，这20个小和尚发现新来的小和尚有一个毛病——喜欢偷东西。开始他们没说什么，又过了一段时间，这20个小和尚忍受不了，就去给方丈告状，说新来的小和尚有偷东西的毛病，老和尚没有表态，只是微微一笑，20个小和尚就回去了。

过了一段时间他们发现新来的小和尚仍然喜欢偷东西。这20个小和尚忍无可忍，就去找方丈，决定跟他摊牌，说要么我们20个人下山，要么你让那个小和尚下山。方丈不假思索地说，那你们20个人下山。这20个小和尚不理解，凭什么？又不是我们偷东西，为什么我们要下山？方丈说，你们20个人如果现在下山，到任何地方都有饭吃，但是这新来的小和尚如果下山了，每个地方都不会收留他，他可能会饿死，你说我应该留谁在这里？大家什么话都没说。过了一段时间，大家发现新来的小和尚觉悟了，他从此以后再也不偷东西了，恰恰是浪子回头金不换，他扎扎实实地学习，多年以后成为这个寺庙的方丈。

第十一章
静气是最伟大的教育

一、人有静气，脚下皆是净土

最伟大的教育就是教育者身上的静气。

教育不是让人听你话，而是受你影响。

教育的本质是"影响"，以生命影响生命，教育者身上流露出来的气质不知不觉地影响到了孩子，这是教育的真实。

就教育而言，"静"是最大的智慧，教育的一切问题都可以放在"静"这个字里化解。

一个人身上有了静气，当他坐在你面前时，他的存在可以让你感到安心、清晰、有安全感。而这种影响是非语言的、非行为的，而是一种静气，直抵心底。

静气是生命状态的理想境界。静气就像一片叶子落在平静的水面上,心神专注,静静托付。人有静气,脚下皆是净土,物有静气,其气场自在,让人沉稳恭敬。

静气是灵魂深处的一种淡淡的香味,它是安静的,它就在那里,不言不语、不动声色,然而气韵生动、暗香浮动。而教育者修行的最终目的就是修出这样一种静气。

静是心不为外物所动,是细密地反省自己,是克服浮躁,从而做到心思纯洁、心绪安宁、心境澄明。

这里讲的"静"与佛教中的"静"不同,这里是指以静主心,使精神如同旭日初升,朝气蓬勃,饱含生机,从而积极有为,坚定地向既定的大目标大踏步前去。而佛教中的"静"只是"清静"与"入定",是一种禅定,是小我。

在静字上做功夫,尤其是"做足"太难。一个人年轻时血气方刚、精力充沛,不易静;一个江湖中人欲望太多、防范太多,不易静;一个聪明人思虑重重、疑惑重重,不易静。又要生存又要发达,如何能静?

"静"是中国文化的精华之一,把这个字种在心田里,浇灌它,让它慢慢长成精神大树。这个过程也正好反映了重构文化自信、引进文化之水育人的一个例证。可见,文化并非虚妄与不可捉摸,而是用生命不断去证见，去活出来。

*

谈到静气，有人会说，如今周围的空气都是浮躁的，我怎能把气息静住、定住，怎能独善其身？

儒、释、道不约而同指向一个词：心性。静气的生成是用文化来涵养自我的心性。

静气的真正敌人并非来自外部，而是来自内部，主要是自己的"喘"，气喘吁吁，气喘不止，静不下来。当心还在低谷中，与一时的得失、功利、浮躁纠结在一起时，就会"喘"，上气不接下气。而当心在高处时，即便可能还身处红尘世俗中，但能止"喘"，心平气和，形成一种格外强大的气场与格局。

静气是修出来的，每天学习，有自己的"悟得"，然后把"悟得"积累起来，人会越来越喜悦，这种喜悦积淀下来就是人的静气。教育者身上的静气给孩子留出了一个很大的空间，在这个空间里，孩子会变得清晰、坚定、柔和，他会形成自己的节奏，且能安顿自己，这时候其他的教育都是多余的。

*

心不静的人喝不了茶，心不静，茶是苦的，也不解渴，还不如可乐喝起来那么痛快呢。其实，一个人不静的时候做什么也做不好。

"主静"是宋代大儒周敦颐的一个重要思想，后来王阳明先生进一步发展了它，堪称中国文化对人类最独特的贡献。

一个人主气宁静，他身上会释放出一种静气，人们在他周围的时候能感受到，也会静下来，从而变得清晰、纯净、喜悦。

静在哪里？皇甫军伟老师对此有自己独到的见解——静就在脚下，大地是静的，它无声地托举着我们，当我们停下来时，能感觉到我们立足的地方多么沉静，每走一步都是一次与静的对话。但由于我们的脚步太快了，无法感知到沉静的力量；静就在头顶上，当我们仰望天空时，看见云是动的，其背后浩瀚的天空却是静的，我们之所以不安，是因为我们追逐了漂浮不定的云，而忘记了天空的沉静与深远。

静一直都在，它就在那里，但我们的内心却很难抵达那里。我们常常面对的是现实的喧嚣和争吵，因此，在充满功利和不安的当下，挖掘出一种精神并活在其中，从而使得内心归于宁静，是对自我生命的超越。

在教育上，静是一个实践系统。

（一）静不是求来的，而是修来的

每天内心的提升、提高是因，静是果。内心宁静，才能感知事情的缘起缘灭、动静分寸，才能看到事物的真相与走向，这是教育的某一种抵达。

（二）让心回家

心不在位，在外头流浪，就很容易被所谓的机会以及邪气的东西带走，心回不了家，何谈"主静"？

让心回家靠归位、定位、到位，然后立志，把所有力量放在志向上，持志如心痛，一旦偏离了志向，偏离了"当务之为急"，心就会痛,警醒你要安心,把心安住,人才会静下来。

(三)静不下来是因为心不正

在世俗中锻炼的心灵纯度最高,所以不用怕"世俗",也不用怕"念头",随感而应,物来则照,物去不留,在事上去磨。"若只好静,遇事便乱,终无长进",那种一味求静的功夫,看似收敛,实则在放纵心体。

王阳明先生认为,心不是要死寂一般的静,而是要平静的定,念头不是要停息,而是要正。正是什么?没有私念是也。比如,着急自己怎么还静不下来,这就违背了"勿忘勿助""必有事焉而勿正"的原则,存了私心。说到底,静不下来不是心不静,而是心不正。

二、遇见情绪

情绪和人的追求联系在一起。

当我们无法确定是否应该去追求时,就会犹豫、彷徨;当我们失去目标的时候,则会感到空虚、寂寞、伤感;当我们在追求过程中碰到紧迫局面与压力时,需要我们付出持久的、高度集中的注意力,就会感到紧张、焦虑、忧虑、担心。

可见,要消除或者摆脱这些消极的情绪,就要求我们能正确地面对追求,形成良好的心态,进而才能控制或者分解不良情绪。

我们每天的喜怒哀乐实际上反映的是我们内心所处的高度。

喜,是内心感受到了一种美好之后的自得和恬愉。《黄帝内经》有云:"以恬愉为务,以自得为功",讲的就是喜的原理。一是"以恬愉为务",恬,心里踏实宁静,即"平静地接受";愉,欢喜愉快,即"喜悦地参与"。如今的人们难以喜悦,因为我们看不见美好,甚至拒绝美好。人的教育没有了喜悦很难开展。二是"以自得为功",自得,即自我满足。

怒,是人的期待与外在环境无法达成一致之后的失控,是用别人的错误惩罚自己。人在愤怒时是最无力的时候。制怒并非克制,克制是压抑,要将怒化掉,有两种方法:一是扩大自己的心量,大的心量才能化解引起愤怒的各种因素,人的心量由委屈扩大;二是站在高处看是非对错,比如坐飞机,随着飞机高度的提升,地面上再庞大的事物也会变得很渺小。

哀,其实就是心死了。悲哀之人不需要安慰,他们内心需要的是光。

乐,是欲望得到满足后一时的情绪高涨。乐的动因来自一时的得逞,得逞是一时的,不能持久也无法持久,也容易使人迷惑、膨胀。

当我们参透了情绪的本质之后就看见了自己,不好的情绪就像镜子上的迷雾,阻挡了我们发现自己、超越自己。

教育者若是不能调理好自己的心情,就很难深入教育的内部,只能站在外面不知所措。

*

德厚之人容易喜悦。因为德行厚重,故而能平和看待个体和个体之间的差异,能容得下别人,对别人总是怀抱感恩之心,所以心情愉悦。

每天活在喜悦中的人对美好很敏感,他往往忘记了黑暗和丑陋的存在,更加重要的是,这时,他会以一颗平静之心感知这个世界,在这个过程中体悟到的东西就是真情、真理。

我们经常讲如何引导孩子热爱学习，关键就是引导其学会一点一滴沉淀自己的德行修养，到了一定的程度之后，每天习而有得、心生喜悦，自然就沉浸于学习之中。因此，很多的教育家都认识到，一所学校只要把德育工作做好，学生的学习自然就会变好。

人的德行厚一分，其获得喜悦的能力就强一分。有的人性子急，爱生气，不容易高兴，这样的人不是脾气不好，是德行没有养护好。

厚重之人的心在高处，阳光最先照耀到它；厚重之人可以重心下移，潜到水的深处去，清流在深处，而轻浮之人只能浮在水面上，每天喝苦水。

厚重是中国文化起源中一个优秀的基因，也是《易经》中的"坤"卦，"地势坤，君子以厚德载物。"我们一起来解码这个基因的含义。

第一条：端庄厚重，谦卑含容

曾国藩给人看相，讲到贵人之相就是下面这八个字：端庄厚重，谦卑含容。

端庄厚重，"重"是什么？"重"是根本。什么是"重"？"重"就是稳重、厚重、庄重、端重、自重、负重。曾国藩为人行事最突出的特点就是一个"重"字。后人记载，曾国藩"行步极厚重，言语迟缓"。他走起路来脚步很沉稳，说话很慢，但一句是一句，每一字都有一种打动人心的力量。

谦卑含容，"容"是关键，什么是"容"？"容"就是器量，是容得下更多的人，容得下更多的事，"大其心容天下之物"。

第二条：轻则失根，躁则失君

有人遇到一点事就心急如焚，甚至暴跳如雷，为什么？因为不够厚重。

有人想得到但又做不到,为什么?因为不够厚重。

《道德经》讲:"重为轻根,静为躁君""轻则失根,躁则失君。"意思是,人在不静的时候,就失去了主宰和引领,失去了最根本的东西。

一个人的内心静不下来,就容易和自己较劲,做事就难以有分寸。比如,孩子的学习状态取决于他的平静程度,越是静笃、静谧,对知识的感知越深刻、越清晰,越是浮躁,对知识的感知越肤浅、越模糊。

第三条:厚责于己,薄责于人

看一个人的德行就看他如何要求别人和如何要求自己。

德行厚重的人对别人要求不高,用一般人的标准来要求别人;对自己要求很高,用君子的标准来要求自己。对别人要求不高,自己就容易满足,也容易得人心;而对自己要求高,就不容易做错事,做错了也能及时纠正。

而德行浅薄的人恰恰相反,对别人要求很高,对自己要求很低。对别人要求太高,对别人容易不满,易造成众叛亲离;对自己要求很低,行事苟且随意,容易造成别人的不满,让自己无处容身。历史上的悲剧人物大都如此,如商纣、周厉王、隋炀帝等。

孔子讲"躬自厚而薄责于人,则远怨矣。"修身进步最快的方法就是降低对别人的要求,把对别人的要求用来要求自己,则远离一切怨艾。

三、存养心体,化解痛点

存养心体,化解不平,使得教育者的功力得以增强,静气油然而生。

在中国文化中,存养心之本体是一门重要的功课,起点是诚意、正心,在做的功夫上,就是找到痛点,化解痛点,通则不痛。

*

存养心体,首先是"止怨"。

怨是"德之反"也,无德就是怨,是人性最为常见的痛点。教育一旦沾上了"怨"字,则一切了无生气,甚至使教育窒息。卸掉对他人的期待,无求无不求,自己身上就没有怨气了,别人身上的怨气也就被消除了。

怨气充斥的人生是错误的人生。一个人怨气生发的时候是他的德行不在位的时候。

一位好的老师或者合格的家长入门第一课就是止怨。孔子开出了止怨的药方,堪称经典,值得践行。

(一)出门如见大宾

出了家门,想象所见、所遇之人都是尊贵的客人,保持恭敬和热情。如果对方不搭理,怎么办?"行有不得,反求诸己",是自己还不够热情,不够真诚,不够有敬意,要改善自己。

(二)使民如承大祭

要推动他人做事,就像举办重大的祭祀一样,十分恭敬。

(三）己所不欲，勿施于人

忠恕之道，无处不在。"忠"，是己欲立而立人，己欲达而达人；"恕"，是己所不欲，勿施于人。自己想要的，别人自然也想要，让别人先得到；自己不想要的，别人也自然不想要，不要强加于人。

(四）在邦无怨，在家无怨

在家里无怨，走到单位、社会时也无怨。当怨言即将出口时，想一想"出门如见大宾"的热情尊敬，想一想"如承大祭"的肃然起敬，想一想"己所不欲，勿施于人"的从容优雅，把自己的怨气、怨言清理干净，别人对你的"怨"自然就没有了。

*

存养心体，其次是"克服浮躁"。

近几十年来浮躁成为中国人的一种顽疾，而且会传染，人一旦染上这种"病"不好治。浮躁是当下最普遍的痛点。

《现代汉语词典》中对浮躁的解释是：轻浮急躁。浮躁的人走近几个月大的婴儿，婴儿都会哭。

浮躁的原因是人会"心随境转"，心不能定在一个地方，一旦有喧闹的事情发生，注意力就被吸引，这是浮躁产生的原因。更可怕的是，人总是喜欢用更浮躁、更热闹的方式来掩盖浮躁，结果让浮躁不断升级。

克服浮躁的实质是培养自己认真的能力，所谓认真的能力，就是把一件事情做到极致的能力,也是在细节上、步骤上驾驭自己的能力。

我们引导孩子学会学习,应从克服浮躁、培养专心的能力着手,这是决定学习好与坏的关键。

*

存养心体,第三是"毋意、毋必、毋固、毋我"。

固执是很严重的痛点,一旦发作,具有很大的破坏性。

佛教有云"破我执",是化解孔子提出的这四个痛点"意、必、固、我"的良方。化解了,人就会有智慧。

第一个痛点:"意"

就是臆测心,主观臆断,凭空猜测。我们做事不要主观臆断,要以事实为根据,实事求是。

第二个痛点:"必"

就是期必心,"必",就是认为事情一定也必须达到某种结果,如果不符合自己的期望,或者离自己的预期还差一点点,就叹气、丧气。有期必心的人实质上不能接受失败或者输不起。

第三个痛点:"固"

就是固执心,期必心是心态问题,固执心是行动问题,就是非要按照自己的意志办事,固执的人大家都会敬而远之。

第四个痛点:"我"

就是自我心,只想着自己,不在乎别人的感受。如果一面镜子上写满了"我",人很难看清自己真实的模样。

没有固执心的家长或老师才能培养出开阔豁达、自信自主的孩子。

*

存养心体,第四是"养正气"。

中国人是讲"气"的。比如古人讲,幽燕之地多侠气,五台山、峨眉山多祥气,江南多灵秀之气,等等。人会受到这种"气"的影响,从而生成内在世界的不同风景。

中医有三个重要的思想对教育有很深的启迪:一是主张治本,从不舒服的地方出发,望闻问切,找主要矛盾,从根上解决问题,最高境界是"治未病";二是主张调理,尤其是对于生命的整个状态进行综合调整梳理,系统地提升人的生命质量与生命价值;三是主张扶正祛邪,即主张扶植人肌体自身的一种正向力量去战胜疾病。这三个基本思想对于解决教育的复杂问题借鉴意义重大。

在教育上,扶正祛邪主要讲的是正气和邪气之关系。邪气是一种不祥的痛点,一旦形成,很难拔除。

刘再复先生讲正气养成最好的时刻在黎明,黎明中清新的空气、柔和的曦光是存养心体最好的药物,在这个时辰读书、写作、思考,天地间的正气、清气、祥气会流入胸中,洗尽戾气、邪气、躁气。

教育者需要养出正气,让正气成为学校、班级、家庭的文化,在正气的文化氛围里,容易培养出让人放心的孩子。

*

存养心体,第五是"保养气血"。

心定不下来,往往是因为气血不足。气血不足看似是一个中医的名词,其实是人性中的一个无形的痛点。

人有了充足的气血,呼吸就会变得均匀,然后气就能往下沉,沉到丹田，存在那里，心就定下来了。

如何让气血能量充足？

《黄帝内经》指出了方法："精神内守"。在我们的生活中，太多无意义的、消极的东西充塞了我们本已疲乏的内心，比如各种信息、各种猜忌、各种测试、各种八卦……邪恶的东西每天会耗费很多宝贵的气血。而"精神内守"就是要减去那些多余的东西，让自己的注意力集中到重要的事情上来，从而涵养出充足的气血。

孔子的告诫则是"四勿"——"非礼勿听，非礼勿言，非礼勿视，非礼勿动"。

（一）非礼勿听

闲杂的声音只会让人心思迷乱。除了噪声，害人气血更厉害的是恶毒、充满邪气的话语，要远避之。

（二）非礼勿言

不好的话、没用的话、大话、谎话、奉承话、闲话，这些话不仅损伤气血，且易招来祸端。

（三）非礼勿视

要懂得保养我们的眼睛，电视、电脑、微博、微信等所传递的一切热闹而无聊的信息可能是大伤气血的毒箭，我们要学会甄别，精中选精。

(四)非礼勿动

勇于减去多余动作,保留需要下大功夫的作为,一旦行动,坚持到底。

教育者需要懂得如何取舍,以保养气血为先,一切不利于内心成长的东西都可以舍去。孔子的四勿真言是保养气血、实现精神内守的法宝。

第十二章
发现自己

一、世上最难的事情是发现自己

"认识自己",这句写在古希腊德尔菲神庙上的名言,随着人类文明的进步,越来越显示它在人类发展上的深刻哲理。

人要发展,要提高生命质量,就一定要认识自己、发现自己。人只有认识自己、发现自己,才能调控自己、改变自己、发掘自己,古语有言:"人贵有自知之明"。

对学生来说,他们最愿意做的,也是最能做到的就是认识自己、发现自己、改变自己。而学生改变自己正是他们改变一切的根本。

哲人说,21世纪最伟大的发现应是对人自身的发现,而不是宇宙探险或其他。在人自身的内部,潜藏着多少钱也买不到的宝贵财富,可是现在有那么多人看不见它。

可以说，发现自己是人类正在进行的指向自我、回归本真的一场伟大变革的起点。也可以说，教育的原动力是教育者和受教育者共同迈上自我发现之旅的决心和意志。

*

世上最难的事情是发现自己。

我们可以发现他人、发现社会、发现自然，但很难发现自己。

人如何发现自己呢？

（一）发现自己，需要镜子

六朝镜铭曰："绝照览心，圆辉瞩面。藏宝匣而光掩，挂玉台而影见。鉴罗绮于后庭，写衣簪乎前殿。"镜子是人类的重要发明，没有镜子就看不见自己，镜子是自我发现的介质。

墨子讲："君子不镜于水而镜于人。"意思是，人能以他人为镜来发现自己。

父母和老师是学生的镜子，我们的存在，就是为了让孩子能反观自己、认识自己，镜子的特点是圣人不扰、勿忘勿助，不是去打扰学生成长，而是悄然无声、心如明镜，是麦田里的守望者。

反过来看，学生也是父母和老师的镜子。比如，他们身上呈现浮躁、厌倦、迷茫，其实可能正是他们内心渴望宁静、喜悦、清晰，而我们没有给到。

可是，镜子是容易变昏暗的。

王阳明先生最得意的学生徐爱说："心犹镜也，圣人心如明镜，常人心如昏镜。"这和中国禅宗的实际创始人六祖慧能说的"菩提本无树，明镜亦非台，本来无一物，何处染尘埃？"是相互感通的。

教育者需要时时保持"镜面"的明亮、清晰。

首先，守住教育的常识。一旦无视生命的发展规律和常识，镜子就变昏暗了。什么是常识？就是大家司空见惯、习以为常的东西。

其次，始终服务于育人这个最终目的。做教育到底是为什么？无非是育人，培养一个真正的人，一旦偏离这个目标，镜子就变昏暗了。

在往前走的时候，应随时回到这个原点来思考，也就是"回到初心"，每回一次初心，镜子就被擦拭一次。如此，时常擦镜子，镜子明亮透彻，随感而应，无物不照，一切事物的本质一目了然。

（二）发现自己需要有远见

发现自己需要有远见。我们常讲，要站在三十年后看现在，甚至三十年也不够，要把目光投放到我们生命的终点墓碑上。

其实也不必回避，我们每一个人都渐渐地向那个墓碑走近，似乎墓碑上的字也越来越清楚。如果你的后人或者弟子在你的墓碑上刻上一行字：这里躺着一位_____。那么，你希望在这个空白的地方填上什么字呢？是教育家或人民教师？好父亲或好母亲？或者简单一点，男人或女人？

站在墓碑处看现在，这值得我们深思。我是谁？我现在应该做什么？一目了然。人就是这样发现自己的：站在未来看现在，向死而生，再反观当下，真实的自己就会呈现在我们的面前，我们会知道什么是要做的，什么是多余的。

做教育亦然。如果能站在足够远的地方，就会很清楚现在我们应当怎样做教育。教育本来就是照顾未来的事业，这就像照料骆驼，我们给骆驼装上水、粮食，是用来准备渡过漫漫的沙漠征程，而不是现在要用。

孟子勉励我们："夭寿不贰，修身以俟之。"不论是否长寿，都只管修养自己，等待天命。死亡是人最大的恐慎，看破它，一刻不停地学习、进德，一直到最后一刻，无怨无悔。王阳明先生做到了，他不算长寿，活到57岁，临终前弟子问他有何遗言，他说："吾心光明，亦复何言！"

（三）发现自己六步法

罗曼·罗兰说，"从来没有人为了读书而读书，只有在书中读自己，在书中发现自己，或检查自己。"读万卷书，并非只是为了增加知识，而是从书中看见自己、认识自己，在书中找到自己心领神会的人、事、物，与之对话，把自己代入进去，渐渐地心中的自己就会越来越清晰。

再有，读万卷书不如行万里路，行万里路不如阅人无数，阅人无数不如跟随成功者的脚步，跟随成功者的脚步不如高人点悟，高人点悟不如自觉自悟，这里是六个阶梯——"读万卷书""行万里路""阅人无数""跟随成功者的脚步""高人点悟""自觉自悟"。每一个阶梯最终都是为了发现自己、见证自己，可以说，人的一生都在不断发现自己、见证自己，人生之旅的实质是发现自己之旅。

二、向内看是获得自由和解放的前提

主张向内看是东方智慧的重要成就之一，从老子、孔子、释迦牟尼，再到朱熹、王阳明、曾国藩，尤其是王阳明先生将之提炼为三个字：致良知。也就是：向内看，回归心灵深处，改变了自己实际上就改变了世界。

如果往前走遇到障碍，一定要反求诸己，一定是自己的修为不够，或者自己的学问不够，或者自己的本事不够，在这三个问题上，找一个点赶紧下功夫，一般而言，其中一个有新的突破，其他两者也会被带动起来。

从向外求转为向内看，凡事问心，问良能良知，一切答案在自己的心里找，就一定会有办法、有创意，从关注向外索求转向触摸自己的内心生命，代表着一种生活态度的彻底转变，是一种全新的生命体验。我们之前之所以回避向内看，乃因为内心的一种怯懦和拒绝，不敢面对真实而美好的自己，甚至拒绝自己。

向内看，孔子称之为"忠"，就是尽己之心，行有不得，反求诸己。

当前教育的突破口在于从一味地向外求彻底地转为向内看。不管是教育者还是学生，一旦学会了向内看，都将迎来一种从未有过的、崭新的、充满神奇的生活。

向内看还是向外求，其临界点在于："给"还是"要"？这是一个人存在于这个世界的两种姿势。

实际上，不断索取的人是穷人，而不断给予的人才是富人。

*

当处于危困之际，"悟性自足，不假外求"这八个字可以解救我们。

这八个字的含义是：君子本分已足，内心强大，无须寄希望于向外索求什么。君子之修为本身就是事业，面对现实，达则兼济天下，穷则独善其身；无论际遇如何，凡事在自己身上找原因、找答案。

树上的鸟儿是不会害怕树枝断裂的，因为它相信的不是树枝，而是自己的翅膀。

"吾性自足，不假外求"中的"性"是什么呢？主要是指孟子讲的人人皆具的本性：仁、义、礼、智。

所谓的"秘笈"其实是把自己身上自带的最基本的东西，即这四个字用身体焐热，然后活出来。

仁，就是发自内心的、真挚的、深沉的爱。

义，就是公平正义，坚守原则。其实，只要守住自己的原则，一切按原则办就可以，无须用大脑去思虑、选择。

礼，就是举手投足都是敬。礼的内核是"敬"，心中有敬则生礼，礼的实质是"让"，是与人保持合理的"距离"。

智，就是通达透彻，明事理，通人心。智者如水，水是流动的，遍布天下而无偏私，无所不达，深入微细，润物无声。

孟子讲："君子所性，仁义礼智根于心，其生色也，睟然见于面，盎于背，施于四体，四体不言而喻"，意思是，将仁义礼智四德深深植根于心，不断累积、扩充，那么人身上就会有光，从容貌上发散出来，清和润泽，令人可亲可敬；从肩背上显现出来，盎然丰厚；施行于四肢，则动静曼妙、从容喜悦。

*

一个人喜欢独处的时候，或者享受孤独的时候，才能清晰地发现自己，在太嘈杂的空间里，听不到自己内心的声音。

适度的孤独感可以让人深刻、独到、优雅。

保持适度的孤独是必要的。对于学生来说，给予他们享受孤独的可能和内心成长的空间很重要。人如果没有经历过孤独的刻画和雕琢都是肤浅的。

（一）人的独处是为了进行内在的整合

人的孤独是生命中一种重要的体验，人在孤独的时候，才能与自己的灵魂相遇，比如世界三大宗教的创立，都是在孤独状态下形成的。也就是说，孤独是精神创造的必要条件。

从心理学的观点来看，人的独处是为了进行内在的整合。

哲学家认为，孤独也是一种爱，爱与孤独是人生中最美丽的曲子，两者缺一不可，无爱的心灵不会孤独，未曾体味过孤独的人也不可能懂得爱。由于怀着爱的希望，孤独才是可以忍受的，甚至甜蜜的；人的孤独是看到了美丽的风景，或者领悟到了内在的快乐，无处诉说，无人分享。当人孤独的时候，如何确定自己、处置自己成为人群社会一个很紧要的问题。

（二）孤独时正是人的品位受到考验之际

美国作家亨利·大卫·梭罗是孤独的，但也是幸福的，正如他在《瓦尔登湖》中所描绘的那样，十分简单，十分安静。

他说，如果自己亲手造房子，简单地用食物养活自己和一家人，人就会发光，就像那些飞禽，它们在这样做的时候，歌声唱遍了寰宇。

在梭罗看来，人们的生活在琐碎之中消耗掉，却并没有得到真正的幸福，甚至忘掉了生活真正的目的。

孤独的真正内涵：

一是一个人如何看待自己决定了此人的命运和归宿；

二是一个人无论到哪里都能生活，哪里的风景都能相应地因你而发光；

三是最高贵的心灵最能知足自得。

*

人总是会受到他人评价的影响，而发现自己也意味着如何看待别人的评价。

好的评价，且听着，别太当真；不好的评价，也且听着，至少给了我们一个不同的思考角度。因此，需要打开心扉，"且听着"，不是固执、听不进去，而是站在更高的位置上去吸纳、消化，使得自己更加厚重、深刻。

而对别人尽量使用朴素的、诚意的、充满善意的话，也就是"说好话"，"话"者，"化"也，把不好的东西都化掉了。

"且听着"和"说好话"是值得写在心里的两个句子，当我们的信心升起来后，就不会轻易活在别人的眼色和词语里，因为我们已经有了自己的定力，外在的看法可以借鉴，但不影响对自己的肯定、信任。

我们的心是无形的，是自由的，可以一下子到达几万公里以外、几千年以前，不受任何束缚。有人说，我们的校长和教师都戴着镣铐跳舞，其实束缚我们的镣铐并不是外在的模式、制度、评价或者大家极为不适应的各种会议、检查，而是我们"作茧自缚"。

三、发现自己的什么

（一）发现自己的定位

人是极为渺小的，在宇宙的层面上看，人连一粒尘土都不是，止于至善，一定要看到自己的"小"。自己以为是天大的事情，在浩瀚的宇宙中渺小得不值一提。

《大学》里讲："知止而后有定，定而后能静，静而后能安，安而后能虑，虑而后能得。"

"知止"就是知道自己要什么，知道自己要去什么地方，知道怎么去，有方向感又有边界感，从而内心强大，享受过程，做好手头上的每一件事情，不为周遭外物所影响。

"知止"就是"知己无知，乃知之始"。就是知道自己无知，需要不断学习。每个人的世界都是一个圆，学习是半径，半径越大，拥有的世界就越宽广。人最大的愚蠢是"自以为是"，并凭着自己那点可怜的"知"，与人争论不休，最后将自己陷于自我的泥沼之中。

"止"是一个值得一辈子上供、中修、下化的汉字。发现自己就是站在历史中寻找自己的定位,只问耕耘,不问收获,什么时候有结果?盖棺之时。一个人的生命价值在于他这一生究竟能给这个世界留下什么。

最为理想的定位就是我们经常讲的:学子之行、君子之气、圣人之心,这也是我们对身边弟子的基本要求。

学子之行

学子之行是什么行?即永远定位自己是一个学生,知己无知,永怀一颗虚空之心。

君子之气

君子之气内涵很丰富,比如"行有不得,反求诸己""忠恕""温良恭俭让""恭敬忠信"等,但最终检验一个人身上是否具有君子之气只有一个字:礼。

有礼之人即在当下、此刻去照顾别人。举一个例子,当你和老师一起下楼梯,你应该让老师走在前面,你在侧后方跟随,但万一是晚上,又没有灯,楼梯很黑,如果你也一如既往地让老师先行,这就是无礼了。如果心里有礼,你立即会想到,在黑暗中自己应该走在老师前面,引导老师往前走。

圣人之心

圣人之心是什么心?就是慈悲心。慈,就是把自己好的东西给别人;悲,就是把别人身上不好的东西拿过来化掉。比如,看到孩子身上出现问题,不是去指责,而是将心比心,站在孩子的角度看问题,"他也不容易,他出现这个问题不是故意为之,更需要我们去关怀、去化解。"等。

（二）发现自己的使命

每个学生都很了不起，因为他一出生都带着某种使命。使命是上天赋予的，化为日常就是四个字：志有定向。

关于志有定向，王阳明先生是最为典型的例子。他十多岁时就认为，比入仕为官更重要的是成为圣人，自此再也没有改变过这个志向，最终成为一个内心充满仁德，又把仁德之心活出来的人。他之所以成为圣人，来自十多岁时对自己使命的清晰与坚守。

有人说，我都50岁了，已经是知天命的年纪了，还可以立志吗？答案是肯定的。越是中年，越需要立志，越需要铆定自己的使命，然后日日不断，夭寿不贰，修身以俟之，止于至善。

王阳明先生讲："持志如心痛，一心在痛上，岂有功夫说闲话、管闲事？"

"持志如心痛"，这五个字讲得太好了，我们可以用一生慢慢地去体会其中之妙。

志分三个层次，逐级而上。

小志

小志为生活之志，即生存、生活、情感、财富之目标，此为基础，但一个人仅有小志，容易被腐蚀，渐渐失去精神上的追求，是不会受人尊敬的。

中志

在小志的基础上应有中志，即"职业之志"，即要有自己相对恒久的事业，不仅仅是为钱粮谋，而是在一件事情上下笨功夫，十年、二十年、三十年后必然有所成就，让亲人、家人、朋友以你为荣。但若停留在中志层面，人容易被人利用，易依附于权贵，随波逐流。

大志

大志,即"社会之志""民族之志""人类之志",是一种大的使命,为更多的人去担当。前面讲过,一个人担当的东西越多,人生的动力就越足。但大志是安在小志和中志的基础上,不然,容易成为"空中楼阁""乌托邦"。

一个人若无小志,则不勤快,容易懒散;若无中志,则内心无秩序,容易忙碌而无根基;若无大志,则会精神上"缺钙",陷于懦弱和平庸。

每个人的使命里其实就隐含着天赋,坚守自己的使命,实质上就强化了自己的天赋。活在自己的天赋里的人才会神采奕奕,光彩照人。

(三)发现自己的优势和特色

每个人都有自己的优势和特色,这是学校教育特色形成的信念与依据,具体到个体,需要提供让每个学生发现自己的优势和特色的机会。

在实践上,真正有力度的发展都是优势发展和正强化评价,所谓的"木桶理论"在制定教育战略的层面上就是一个伪命题。

因此我们主张在评价上坚守正强化定律,因为"优势发展"才是最高效的发展,通过不断的正强化,人的优势会更优,长处会更长。

哈佛大学霍华德·加德纳教授有一项重要的研究成果,叫作"多元智能",他认为,人类思维和认识世界的方式是多元化的,至少包括语言智能、数学逻辑智能、空间智能、音乐智能、身体运动智能、人际关系智能、自我认识智能和认识自然智能。

这里的八种智能,也可以说是人的八种优势和特色,每个人至少拥有一个或几个优势和特色,而后天的环境和教育对人的优势和特色的发展至关重要。

应试教育的真正弊病就是"用一把尺子量所有人,让大多数人成为失败者",也就是在第一项优势、第二项优势上胜出的学生一般容易考上理想的大学,而把其他优势明显的学生淘汰出局了。其实,人人有优势,人人有特色,如果非得将不具有第一项、第二项优势的学生逼着就范,就像让大象爬树一样,苦不堪言。

美国教育家罗森塔尔曾经做过一个著名的实验:从小学一年级到六年级挑选了18个班级,对班里的学生进行了"未来发展趋势测验"。之后,罗森塔尔以赞赏的口吻将一份占总人数20%的"最有发展前途者"的名单交给了校长和老师,并叮嘱他们一定要保密,否则会影响实验的正确性。

八个月后,他们再次来到这所小学,对那18个班的学生进行复试,结果奇迹出现了:凡是上了名单的学生,个个成绩都有了较大的进步,而且活泼开朗,自信心强,求知欲旺盛,更乐于和别人打交道。

其实,当初那份名单只是罗森塔尔随机挑选出来的,不过这个谎言对老师产生了心理暗示。在这八个月里,它左右了老师对名单上的学生的能力评价,老师又将这一心理活动通过情感、语言和行为传递给了学生,学生强烈地感受到来自老师的热爱和期望,从而在各方面出现了异乎寻常的进步。

这一实验结果深刻地表明了一点:教师对学生的期望影响着学生的学习成绩。

关于发现自己的优势和特色,我们以前研究过一种途径,叫作"假定最佳才能区"。"假定最佳才能区"的做法其实是"罗森塔尔效应"的一种应用。当孩子没有显示出某方面特定的才华时,先以假设的方法确定某个领域为孩子的最佳才能区,并将这种假设转化为孩子头脑中的潜意识,让他们认定自己在该领域有特长,久而久之,孩子便会自觉或不自觉地沿着这条道路发展。

四、终极的发现是找到人生最舒服、最能使上劲的姿势

终极的发现是选择,选择了适合自己的事情,你就是天才;选择了不适合自己的事情,你就是蠢材。

选择决定了内心的去向,选定之后的专注、全身心的投入则是内心的归宿。人生最重大的事情是选择了适合自己的道路。事实上,实现自己的梦想和帮助他人实现梦想本质上是一样的,都是有意义的人生。

我们都知道,理想的教育是适合的教育,也就是让每一个孩子都发现自己、肯定自己、创造自己,各得其所,人人想发展,人人能发展,人人都有发展。

这里的"适合"也是发现自己之后的选择与取向。

奥修讲:"当鞋合脚时,脚就被忘记了;当腰带合适时,腰就被忘记了。"

什么是适合的教育呢?

万法归宗,说到底就是孔子讲的志于道,据于德,依于仁,游于艺,这是适合每一个孩子的教育,每一个孩子都可以依此建立自己的人生版本。

(一)志于道

做人做事也好,学习进步也好,首先是立志,志有定向。志于

道,即以道为志向,立志高远,不惑,不忧,不惧。

(二)据于德

"据",就是凭据、根据,照着德的标准来做人、行事。在德的问题上,凡要求别人的,一定要先想想自己能不能做到,把自己能做到的标准先固定下来,并以身作则去影响别人。

(三)依于仁

爱人悯物,对他人有关爱之心,时时替他人着想,对天地万物、其他生命也以一颗仁心去面对,像太阳一样,无私心,无偏袒,爱满天下。

(四)游于艺

儒家认为,才能主要有六艺——礼、乐、射、御、书、数,今天可不拘泥于这六艺,还有很多"艺",关键在于"游",这里不是熟练的意思,而是以此为乐、陶冶情操。

有志于道,有使命感;对自己有道德要求,建立了自己精神的根据地;有仁心,爱人悯物;有一艺之才,一辈子不寂寞。一个人有了这四个核心素养,那么他就是真正的人才了。

*

有人问,怎么考量一份工作是否适合自己?

在人们的想象中，找到了一份喜欢的、让自己充满热情，并有自己的天赋支持的工作确实很理想。

但这只是停留在想象之中。真相是：

一是尽己之心做好手头上哪怕多么平凡的事情，在能够解决温饱之余，思考如何用它让更多人受益，这就是最合适的工作，事实上，没有一件工作是不能服务于别人、不能成就别人的；

二是抓住一件事情十年不放，下足笨功夫，成为某个行业的专家，别人要追上也需要再下十年笨功夫，所以永远追不上你，那么，这件工作非你莫属，自然是最适合你的工作。

"己欲立而立人，己欲达而达人"，说的是，人要站得稳、行得通，得先去成就别人。

人生最舒服、最能使上劲的姿势是"去成就别人"，即"利他"，我们的快乐是我们成就的那些人的快乐所累积起来的，这是教育者的生命情感与心灵归宿的总概括。

第十三章
带着孩子一起走向觉悟

一、认识教与学的基本价值

由于过度强调控制,"摁着牛头吃草",其结果就是导致大量孩子不爱学然后不会学,不会学然后更加不爱学,如此恶性循环,使得教育的生产力低下。

据我们专家组在北京市的二十所学校的调查,由于不爱学、不会学而烦恼的孩子,在初中生中的比例达到了58.6%,在高中生中的比例达到了72.4%,严重影响了教育质量,不爱学、不会学的孩子又不得不学,长期压抑,痛苦不堪。

孩子的学习不理想,家长着急,老师着急,可是我们也许忽略了,最痛苦的是孩子本人。他能体会到周围所有人对他的不满,能感知到周围所有人对他表示的失望,这种痛苦即使是成年人也很难承担。

厌学可以说是中国教育史上的"癌症",我们的大量研究证实,导致当前中国学生厌学有三个原因。

一是教育者按照自己一厢情愿的教育设计迫使孩子们"就范",或者忽视人的主动性甚至控制了人的主动性而进行被动教育,造成大量孩子对学习产生消极抵抗的心理。

二是教育者过于执着于用"大脑"来控制孩子,而忽略了用自己的生命状态去影响孩子,这就导致很多老师和父母说的虽然是好话,但就是说不到孩子心里去。事实上,人只能接收别人身上释放出来的信息,所以,教育不是让人听话,而是让人受到影响。

三是教育者过于迷信于教育模式与技术,或者盲目地把国外舶来的教育方法奉为圭臬,而不是从生命发展规律出发,顺其自然地发挥生命本来的潜能。

如果说教育是"生产人"的事业,那么类似以上三种产能低下的"生产方式"确实到了颠覆的时候,即我们的教育到了换"发动机"的时候,这个"发动机"就是:回归心灵深处,回归教育的本质,建立可靠的教育价值观。

*

人之所以要学习，是因为要顺应天道、对接天地间的能量，实现天、地、人的并立，即天人合一。

《易经》开篇讲："天行健，君子以自强不息；地势坤，君子以厚德载物。"可以说，这是中国文化的源头，它揭示了天道所向。

自然万物之所以生生不息、刚强劲健，乃因为它是运动的、变化的，上午我们看到的这棵树，到了下午其实已经是另外一棵树了。

相应于此，君子也应该顺应这种天道，时时刻刻通过学习适应天地万物的运动和变化，主动积极地不断自我更新，这是一种天命、宿命，人要是一天不学习，这一天生命就没有发展，时间久了，就可能会被淘汰。

如果有人问学习的本质是什么？我的回答就四个字：自我更新。就像知了蜕壳、蛇蜕皮，人也一样需要在内心不断蜕壳、不断蜕皮，从而获得新生。一次次自我更新，一次次从质变到量变，这是学习的本质。

在某一种意义上来说，学习还是人的一种高级本能。人要生存、发展，就必须学习，这就像人渴了就要喝水，饿了就要吃饭，这不是我们教会的，我们的教只是引领他们自我发现、自我觉醒，从而发展自己的本能，提升自己的生命质量。美国心理学家罗杰斯说："我从来不认为我能教会学生什么。"此话意味深长。

进一步说，学习的实质是"内心的暗喜"，也就是一个人通过与知识之间的真诚对话，暗暗地享受知识带来的光明和喜悦。当孩子享受到了这种暗喜时，考试或者升学都不再是难事。

*

学习的习，是学的深化，也是学的升华、归宿。

习，不是复习，而是练习。习的繁体字是習，上面一个"羽"字，表示鸟。《四书章句集注》中说："习，鸟数飞也。"意思是，小鸟跟着鸟妈妈学飞翔，不断模仿、练习，忽然，有一天觉悟了，能飞了，这就是"习"。

无论是学还是习，最后都是行动。

有人问："一直在学，但总感觉没有长进，怎么办？"

学而不长进，大概是有以下三种原因。

（一）学得太多

学习最大的毛病是学得太多太杂，到处学习，但都只是站在门外看，回到家里依然两手空空，一点也没有学到手。其实，学习的秘诀不是学，而是不学，不是感觉有用就学，而是可不学的坚决不学，才能集中大块时间学习真正要学的知识。

（二）缺乏体系

不经过系统的、主题的、深度的学习，只是通过新闻、微信、短视频等媒介上获得知识和信息，只能增加内心的自我抗争与分辨所带来的焦虑，其他并无益处。王阳明先生打过一个比方，比如种树，开始种树时，只管耕耘栽培，不去想树枝、叶子、开花、结果的事，而是只管好树的根部，根养好了，枝叶花果会长出来，体系自成。所以建立体系的方法是回到根部，回到本源，然后如孟子所说的"盈科而后进"，所到之处，一个一个水洼填满，不断推进，最终形成河海水系。学习不是狩猎采集，而是耕耘栽培，有根有本，致良知，日日精进,自成体系。

（三）缺乏行动

学习的"最后一米"是行动,学习如果没有到达"最后一米",就是没有"到位",等于没有学。我们总是想得太多,岂不知学习最重要的是"少动脑,多动手""苦干加巧干",这才是学习的最高境界。

二、人之所以为万物之灵是因为人能够觉悟事物

学习离不开人的整体生命意义上的"觉悟"二字。

把人区别开来的不是权力、财富、身份、地位,而是是否觉悟。

觉悟是一个人觉醒了之后的内心的某一种抵达,是开窍,是精神世界的明亮和开阔。

觉悟了的人知道自己要到哪里去、怎么去,坚定地做"该做"的事情;没有觉悟的人坐等别人给自己指路,每天只是重复、机械地做"能做"的事情。

觉悟了的人能看见自己,始终站在自己的角色里说话,他不会活在别人的评价里,不围观别人的热闹,行路匆匆,其他顾不上;而没有觉悟的人活在别人的阴影里,做别人眼中的自己。

觉悟了的人行有不得、反求诸己,遇到问题在自己身上找原因、找答案;没有觉悟的人习惯于"向外求",一遇到事情,怨天怨地怨他人。

觉悟了的人以对别人的敬畏来定位自己的价值;没有觉悟的人以对他人的干预或妄求来引起别人的注意和重视。

觉悟了的人言行一致、知行合一，在"行"的过程中形成自己的认知和意志；没有觉悟的人停留在"正确的废话"里，或许懂得了很多的道理，但没有一条自己去活出来。

觉悟了的人一般有自己的信仰，而没有觉悟的人什么都不信，或者只信眼前的、现实的那点利益，因为心在低处，每天谈的都是"是非""对错""得失"。

觉悟了的人知道万事存在着先后、本末、终始之秩序，守常识，守良知，大道直行，勇猛精进；没有觉悟的人对中国文化中蕴含的大道、公理、义理茫然无知，每走一步都可能是自己挖的一个坑，举步维艰。

*

狭义的觉悟是指学习过程中的觉悟，与广义的觉悟同根同源。

人的最大特点，也是人的伟大之处在于人有意识，即人能运用心理活动感知环境中的人、物、事，感知自身身心状态变化及关系，从而形成综合觉察和认识。

学习的过程是人的觉悟过程。人可能被迫学习、被迫训练，但没有个体的觉悟，什么也学不到，有时好像也能学点知识，那也是触动觉悟的结果。

人为万物之灵，因为人能够觉悟事物。今天我们的教学追求"内化过程"和"心理构建"，其实质就是觉悟，也正是为了促进、强化人的觉悟，我们今天愈来愈重视个性的体验、探索式学习等。

掌握知识之所以有深有浅，是因为对知识觉悟的水平不同，是觉悟使人掌握知识，是觉悟使人总结经验变为自己的智慧。

学习者觉悟得越自由、越独到，他就越活跃。会学习的孩子都是觉悟了的孩子，每天有自己的"悟得"，把"悟得"串起来、整理好，形成自己的知识体系。

*

人的非凡之处在于对自己的觉悟。

人有回忆、记忆。人能回忆美好的过去是人独有的觉悟和享受。人的记忆和动物的记忆不同，人可以用过去的经验控制、调整现在的行为。

人有预见。人可以憧憬自己、家庭、国家、社会的发展，这是人重要的觉悟。

人有时间、空间意识。这种觉悟使人清楚自己的位置。今天，人的时间、空间意识愈来愈具有整体性，因此，人们就愈来愈关注人整体的生命质量。

人有自我意识。从心理学的角度来看，在人的思维结构中有一个监控系统，也就是思维活动的自我意识。人的自我意识有着定向、控制和调节的作用。

人的自我觉悟既包含着人的自我觉察、觉醒，也包含着人的自我调控、解放和更新，人的觉悟过程也是人的头脑对事物的重新组合和构建过程，即人的创新过程。

人无时无地不在觉悟，只不过觉悟的程度和意义不同罢了。正如爱因斯坦所说，一个人的真正价值，首先取决于他在什么程度上和在什么意义上从自我解放出来。

无论是学生还是教师和家长，无论是普通百姓还是伟人英雄，都是由于不断觉悟而使他们的生命质量得到提升，生命价值得以实现。

可以说，非悟无以入妙。

觉悟自己有三种形式：觉悟、渐悟、顿悟。

觉悟，就是突然看见了自己，这就像在黑暗中沉睡的人突然感觉到阳光照进来，一下子就醒了。

渐悟，是一步步地达到，这就像一个人决定去上海，买好高铁票，去北京南站，过安检，上车，车开动，依次到达廊坊、济南、南京等站，最后抵达上海。

顿悟最是神奇，常感如有神助，这就像孙悟空翻筋斗，转眼翻过十万八千里，恐怕孙悟空自己也不知道是如何翻越过来的。

三种悟并无高低之分，殊途同归，只要用心悟，心到即是悟到。

*

为了进一步理解"觉悟"的发生，先讲一个故事：

在南北相对的两座大山上各有一个寺院，他们相互之间的见解、主张不完全相同，这本来是很正常的事情。

每天早上，两个寺院分别派一个小和尚到山下的市场去买菜，两个小和尚年轻气盛、互不服气，在市场上相遇时经常或明或暗地较劲。

一天，南寺院的小和尚问："你到哪里去？"

北寺院的小和尚答道："脚到哪里我就到哪里。"

南寺院的小和尚听之无言以对，不知道如何回答是好，买了菜回到寺院向师父请教，师父说："下次你碰见他的时候，就用同样的话问他，如果他还是那样回答，你就说'你没有脚，你到哪里去？'这样你就能击败他了。"小和尚听完很高兴。

第二天早上，南北寺院的小和尚又在菜市场相遇。

南寺院的小和尚又问道:"你到哪里去?"

北寺院的小和尚答道:"风到哪里我便去哪里。"

这出乎意料的回答使南寺院的小和尚完全没有招架之力,又站在那里,一时语塞。回到寺院,师父见小和尚满脸丧气,便问道:"难道我教给你的方法不灵吗?"

小和尚便将早上的事如实讲了出来,师父听了哭笑不得,对小和尚说:"那你可以反问他'如果没有风,你到哪里去?'"

小和尚眼睛一亮,心想:"明天一定能取胜!"

第三天早上,南寺院的小和尚又碰见了北寺院的小和尚,于是问道:"你到哪里去?"

北寺院的小和尚答道:"我到市场去。"

南寺院的小和尚又没有话了,因为他不可能说:"如果没有市场,你到哪里去?"

观晚霞悟其无常,观白云悟其卷舒,观山岳悟其灵奇,观河海悟其浩瀚……学贵用心悟,非悟无以入妙。别人的东西永远是别人的,只有悟到的东西才是自己的。

那么,人的悟性是怎样获得的?

要深入掌握"悟"字的深远内涵,还需要结合脑科学的原理进行深化、消化、活化。

有时候,我们有必要重新认识一些汉字,汉字是中国文化的根,也是智慧的逻辑起点,比如,"悟"字,左边竖心旁,应当是"用心"的意思;右边是"吾",就是"自我",加在一起,就是自我顿悟、内心透亮。

人为什么要"悟"呢?因为人永远都是"迷"的,"迷者的悟"是也。

认识事物、认识世界的方式有感性认识、理性认识、悟性认识。感性认识是指感觉上的认知；理性认识是指逻辑上的抽象与总结；悟性认识是指从理性认识中跳出来之后的新认识，是最高维度的认识。

悟性认识包含了人们从理性认识中活化出来的知识，是完全属于自己个性所有的知识，更是人们在理性认识中亲切感受到的东西。悟，就是在理性中寻找感性，在抽象的理性中寻找更高级的感性。悟性是在理性中所隐含的更高级的感性。

如果说从感性到理性的过程是"钻进去"，那么从理性到悟性的过程就是"跳出来"，这与我们已经认同的"实践—理论—实践"是一致的。从左右脑协同的角度上看，"钻进去"是左脑的逻辑思维，"跳出来"是跳出左脑，进入右脑的获得模式上的确认，这就是人的悟性。

人通常这样认识事物或者知识，先有感性认识，经过深入挖掘抽象出共性后形成理性认识，但这是远远不够的，"深入"之后要求"浅出"，再一次变为理性中的感性认识，这就是"悟性认识"。

三、调动人的五种生命参与，促进人的自我觉悟

如何从以往教学中主要依靠教育者的教，转变为主要依靠学生的学？着眼点就是启发人最充分、最全面的自我觉悟。

大家也许并不知道的是，"启发"是中国本土化教育的第一品牌，也是对世界教育的重要贡献。

何为启发？

孔子说："不愤不启，不悱不发"。愤，心里想求通而又未通；悱，想说又不知道怎么说。全句意思是：不到他努力想弄明白仍不得

其解的程度,不要去开导他;不到他想说却不能完善表达出来的程度,不要去启发他。随后,孔子又讲:"举一隅不以三隅反,则不复也。"意思是,如果他不能举一反三,就不要再反复地给他举例了。

简单来讲,启发就是"以其人之道,还治其人之身",这句话并非"以牙还牙"之意,而恰恰是极高明的启发教学法,可能很多人曲解了。这句话的本义是,君子教导别人,就是用别人自身已有的、本来就明白了的东西来开导他,让他明白,让他进步。就像学生上课问老师问题,老师不是直接回答,而是反问一些学生已经掌握了的问题,往返几个来回,学生自己就明白了。

我们常常把这个归纳为课程教学的灵魂——生成。生成就是"因势利导",就是"教要皈依于学,一切以学生好学为目的"。

而启发的实践利用对称原理来进行。

人的心理活动和周围世界密切相关,所以周围世界的结构特征必然反映到我们的心理活动上来。物质世界的对称对我们的心理也会产生影响,比如,我们总是追求对称,认为对称才完满,如果对称有了缺陷,或者受到破坏,就会出现"趋于对称"的心理,使人产生一种动机或欲望,希望填上这个缺陷或者修缮破坏。

可以说,启发就是充分展示"该有而没有",孩子因为受"趋于对称"心理的作用,会产生将这个"无"变为"有"的需要和意愿,然后结合实际条件付诸行动。

*

启发人的觉悟的最终目的是培养能力。

能力就是孩子努力去运用或者创造条件,不断实现目的与效果的可能性。下面分析一下能力这个定义中的几个关键词。

一是"努力"。实际上就是人的主观能动性，一种能力的形成首先在于自己是否经"努力"去争取。

二是"条件"。条件主要分为智力条件和非智力条件，智力条件如记忆智力、想象智力、创造智力、观察智力等；非智力条件如态度、机会、性格、情绪等。起决定作用的是非智力条件。

三是"效果"。能力与才华的不同点在于，能力一定要注重效果和目的，这是评价的需要，更是能力的价值所在。

四是"可能性"。一切都有可能，怎样使可能性变成必然性，这是问题的实质。

相对于能力而言，知识总是有其现成的、有形的、相对稳定的、可以明确表达出来的内容，所以，知识的获得相对比较容易，而能力的获得却并不容易。

能力一般具有以下特点。

一是即使掌握了很多知识，仍然无法切实地完成事情，掌握知识并不等于形成能力。

二是不能笼统地评价一个孩子的能力如何，而首先应从"努力运用条件的程度"上来激励性考察，并以"效果"作为目标来指导能力的形成，而实际上自信心是实现能力的前提。

三是能力具有个性，就像人的指纹和大脑一样，独特的能力就是优秀的能力。

四是能力呈螺旋式上升趋势发展，其中贯穿自我超拔和自我顿悟，所以能力需要连续一致地、长期地去追求，以达到理想效果。

五是必须经过运用知识或者运用条件，达到某种效果后才能确认是一种能力，也就是说能力必须在实践中得以培养。

能力的培养有四个原则。

一是由模仿到独创的原则。

二是努力性原则。我们在培养孩子的能力时,要让孩子碰到一定量的、可以克服的困难,促使他们去努力追求,促使他们去充分发挥已有的条件,并且在条件不够时,去努力创造新的条件。

三是效果性原则。我们在培养孩子的能力过程中,一定要强调让孩子讲究效果。不讲究效果,孩子的努力就会转向于形式上的表现。

四是调制性原则。培养能力要找到并运用适合个性的条件和时机,让知识传授过程显示不同孩子能力的差异,调动不同孩子提高自己能力的积极性,形成更多让孩子锻炼能力的机会。

*

郭思乐老师提出了一个具有重大意义的概念,叫"悟感"。

他认为,我们说的"感悟"或"思想"是人的"悟感"被激活的产物,悟感和感悟之间的关系,类似于情感和感情的关系,情感触生感情,而悟感产生感悟和思想。

人的感悟或思想发生在头脑里,悟感却发生在心灵里。由于悟感的存在,人的先天或内在的因素和后天或外部的刺激因素连接起来,于是形成了感悟或思想。人的一生可以说是感悟的一生,不断感悟,生命因此变得瓷实、厚重而有质感。

实践和研究表明,悟感现象在人的精神生活中大量存在,而且起着我们过去难以注意但却极为重要的作用,悟感是我们解决问题、有所创造的核心因素。

悟感是生命的底蕴,并在人的活动中发展;悟感的培养是今天的教育改革中十分值得注意的领域,是基础教育之基础,对它的研究将为教育的归位和去向提供强有力的依据。

也就是说,储备、沉淀人的悟感是引发人全面而广泛地感悟、觉悟的前提和路径，因此，需要在教学过程中调动人的五种生命参与，这是培养悟感的方法。

（一）思考参与

学习最根本的问题是思考的参与程度问题。

学习的好坏归根结底是思考不思考、是否积极思考的问题，包括阅读、观察、记忆、理解、想象、创造等方面，也包括预习、上课、复习、作业、考试等过程。

今天，学习者可以通过现代化手段很容易获得信息，但无论获得多少信息也不能代替思考。人的学习、成长的水平及人的生命发展水平从根本上来说都取决于人的思考水平。在教育、教学工作中，需要把学生的思维参与程度、思维的活跃水平以及思维的灵敏性、深刻性以及创新性的水平作为评价的重要标准。

（二）情感参与

要加强学习的情感参与。良好情感是学习的自觉动力，是人的潜能、品格发展的基础，是现代人取得成功的重要因素。

不过，我们还不能完全认识到情感对人的发展的巨大而独特的作用。今天，物质世界越来越丰富，人的精神情感世界也应该越来越丰富。

在教育、教学中，尽量让学生的情感放开，懂了就点点头，不懂就摇摇头，高兴了就乐乐，不高兴就皱皱眉头，学会用肢体语言表达感情。碰见特别有意思的事，大家可以开怀大笑，这样学生会感到学习很尽兴、很满足，教育者也会感到很痛快，从而使教育教学过程充满情趣。

情感丰富的同时还要学会控制情感，特别是在困难时控制、调动自己的情感，使自己生成或保持一种积极的心态，这对走出困境作用巨大。

再往前走一步，学习过程最难的是建立与知识之间的那份情感，是兴趣还是热爱？是酷爱还是痴迷？不同层次的情感决定了人吸收知识的程度。

（三）活动参与

学生在学习过程中要全身心进行活动参与。

人类凭借自身的活动从周围环境脱颖而出，人的个体也在种种活动中认识世界，形成对象意识和自我意识。

学生在活动中积极选择，强化体验，增加思辨，会促使他们对对象和自我有真正的理解，从而获得真知。有真知才能有超越、有创造。

人参与活动不仅与人的思维发展密不可分，而且是人的情感发展、人格发展、生命提升的基础。而人的实践活动与人的思维、情感、人格的协调一致的发展对于现代社会的发展具有重大意义。

近年来，我们国家提倡德智体美劳五育并举，其中劳动教育在新时代也是一种活动参与的极致形式，它对前面四育起活化、深化的作用。

（四）特长参与

充分运用人的兴趣、爱好、特长、优势参与学习活动。

学生一定要学会突破，人成长的一个重要规律是努力从某一方面有所突破而带动全面发展，从而使人更快成长。

每个学生都有特长、天赋、潜能，关键是自己是否有这样的认识和努力，教育者是否有这样的观念和办法。

人认识自己的优势，把握自己的优势，把这些优势作用于自我发展和社会发展，这样的人是高水平和现代化的人。需要特别强调的是，人的特长、天赋、潜能的发现和发展过程也是人的生命的更新过程。

教育就是要给学生提供这样的机会和环境，让学生整个身心融入活动中，充分发扬优势去创新。

（五）品德参与

学生的学习过程也是一个全面的自育过程，比如在学习过程中可以养成认真、细致、积极、坚定等品质，这些基本的品德是今天各行各业所需要的人才的重要素质。

好的学习是德育与智育分不开的学习，高水平的学习本身就是深刻的德育内容的学习。

在学习中应有意识、有针对性地加强学习过程中的品德成长，比如，学生只有把个人发展和国家、社会发展联系起来，其个人价值才会有意义。

学生一定要认识到，为了更好地学习和发展，为了更好地把握国家和社会的发展，为了更好地体现人的生命价值和充分发掘潜能，加强品德修炼是学生自身成长和发展的迫切需要，不能只是被动地、表面地去符合社会行为的规范，而要主动地去选择自己、体验自己、实现自己、超越自己，沉淀和固化健全的人格和美德。

四、懂学习、会学习、爱学习——形成孩子主动觉悟的心理机制

推动人主动学习、主动觉悟应抓好三个字——懂、会、爱,即协助、激发、唤醒一个人通过自身努力,形成一个精巧的内心成长机制。

(一)懂学习——形成正确的学习观念

什么是学习?不同年龄阶段对学习有不同程度的认识水平。比如,学生知道"读书是一种学习""观察、记忆、思考也是一种学习";而成年人知道学习是获取并不断积累知识经验从而使自己提高的活动,甚至还可以认识到,现代的学习是人生命的自觉更新的过程。

为什么要学习?学生应知道是为了"掌握知识""明白道理"而去学习。随着年龄的增长,人们应了解学习是为了传承文明;为了把握信息,迎接时代的挑战;为了提高人的生活质量;为了充分发掘人的潜能,促进人的主动发展;为了促进社会更好地进步等。

总之,每个孩子都应该明确,学习是自己的主要任务。其实,每一个人都应当明确,学习是人生的重要目的。

什么是学习好呢?学习好一般指学得愉快、得法、高效。只要遵循学习规律去用功就会学习好,只要知道记忆的科学规律,努力去记忆就会记得好。

(二)会学习——掌握科学的学习方法

学习一定要掌握好基本方法,这个基本方法主要指学习应有的过

程性行为。

比如，在校学习的学生有预习、上课、复习、作业、检测等学习顺序，一般常叫作教学环节或学习环节。预习一下去上课就更了解知识点；上完课及时复习收效就大；复习后做作业效率就高；复习好并总结出作业经验后去进行检测，成绩必然好。按程序学习，能提高学习效率、提高成绩，还能养成良好的学习习惯，使学习行为达到熟练化、自动化，形成积极向上的心理，促进人的发展。

比如，努力掌握学习自我管理的方法，如学习短期、中长期目标的制定，执行计划的具体步骤等。

比如，任何学习者都要加强学习生活的管理，没有管理的学习生活是被动、混乱的生活。清晰的人都善于安排好自己的学习和生活。

再比如，青少年学生要充分利用学校管理的优势，养成良好的学习管理方法和习惯，这对未来从事任何职业都大有帮助，一生受益。

马克思曾说："最蹩脚的建筑师从一开始就比最灵巧的蜜蜂高明的地方，是他在用蜂膜建筑蜂房以前，已经在自己的头脑中把它建成了。"可见，有学习计划、有执行计划、严格管理自己学习和生活的人是主动的人、愉快的人，是会学习、会生活、会工作的人。

要形成有自己特点的学习计划，就要善于从多种学习方法中选择适合自己的方法，或者对这些方法进行改造和创造使其融入自己的学习中，这样的学习方法才会更有效。

掌握学习规律，形成适合自己的方法，这才是最好的学习方法。

当务之急是大力倡导学习者以主动探索的方式寻找学习的方法，也就是以主动探索的方式掌握知识，形成能力，完善个性，培养创新能力，提高学习质量，提高生命质量，这尤其对于中学生的学习更加重要。我们长期的实践表明，一个人处于主动探索的状态，处于发现问题和解决问题的状态时，他的学习会更积极、更得法、更高效，最能实现知识的重组、突破和创新，也最有利于他的个性发展和人格提升。

（三）爱学习——激发强大的学习动力

学习动力是引起和维持学习行为的因素，它包括三种动力。

一是人的需要和目标动力。人的认知好奇心和兴趣对人的学习起巨大作用，而自我提高的需要、取得成就与地位的需要及获得赞许的需要等，都属于目标动力。这些因素都是学习动机，是引起学习的动因。

二是心理动力，主要是由情绪、意志、性格等因素组成的推动学习的力量，这些因素并不能说明人为什么要学习，但它是推动和维持学习的一种力量。众多的学习成功者都深刻地体验过这种心理动力的巨大作用。

三是生理动力，是由人的生理机能产生的动力。学习既是一种精神活动，也是一种物质活动，人的身体和大脑的物质性能如何，运转是否正常，直接关系到人的学习状态。

上述三个方面在学习者身上起综合作用，具体表现为学习的状态，其主要表现是学习者是乐学、爱学还是懒学、厌学。

*

主动学习、主动觉悟需要严格的自律。

自律是向上走的台阶，而着迷于浅层次的、快捷的感官层面的满足，一旦成为习惯，人就再也不会去探寻心灵上的美好与深刻。

教育上有一个原理叫作"延迟满足"，即"有条件满足"，这里的条件包括时间条件、空间条件等,目的是培养孩子的自律人格,而更重大的意义是由此打开一扇通往心灵享受与生命境界的门。

另外,一个人越是自律,身心就越容易放松,身心越放松,他的才能和创意就越容易发挥出来。学习好的孩子都是极度自律的孩子,所以能从平凡走向不平凡,无一例外。因为,自律的人具有强大的调理心思和心情的能力。

自律可以传染,父母自律,孩子就自律;老师自律,能管好自己,学生就会自律,管好自己。如果想改变孩子的状态,就从自己身上下大力气,改变自己,整顿自己,约束自己。

自律的具体内容是"三戒"。

(一)戒懒

懒不好治,懒人的背后有一根"懒筋",非得抽掉才行,很多时候,抽掉了又再长出来,难以断根。

懒惰、怠慢本身是不可怕的,可怕的是懒惰、怠慢背后消耗人的生命的东西:

一是散,心情上散漫,做事就没有决心和恒心,易犯"拖延症",如同寒号鸟,"寒风冻死我,明天就垒窝",日复一日,人生便渐渐消沉;

二是乱,心思迷乱、粗糙,定位不清,不知道要到哪里去、怎么去。

要客观地看到,懒这种病的治愈率很低。孔子讲,"朽木不可雕也,粪土之墙不可圬也",讲的就是患了懒病的"下愚之人","愚"不可怕,"下愚"就可怕了,"下愚之人"就是不学习、不勤奋、不上进的人。孟子也讲,"下愚之人"不可教。

勤的实质是什么？是心立起来，如果一个人的心立起来，心勤、脑勤、手勤、腿勤，"明觉精微"，这时候心眼是打开的，再去看东西是一种享受，在平常中也能不断发现惊喜。

勤可以把人的神性的一面释放出来，所以，劳动解放了人，发展了人的生命价值，促进了人类的进化。人的神性是什么？是主动性。主动性在人的生命发展过程中起着支柱性作用，是"魂儿"，因为每一个生命都是排名第一的"精子"进入"卵子"后孕育而成，因此，主动性与生俱来，但往往会被"懒"以及"懒"背后的世俗、偏见、贪图享受等消极的东西掩盖。

曾国藩对于"懒"开出的良药是三个字："不晏起"，就是早起。实际上就是养成"勤"的好习惯，具体而言，就是用小目标、中目标、大目标构成的目标体系来推动一个人的主动性。人没有小目标不勤快，没有中目标不勤奋，没有大目标则没有气势。

（二）戒散

散就是心情上散漫。心情一散，会生出很多不好的东西；而心情不散，才能托住你的心思，就像水面，越平静越能托住水面上的任何一个细小的东西。

散的背后是乱，就是"心思之乱"，人和动物的区别是人类有自觉能力，而动物只有机械性重复，人的心思一乱，人就容易机械性重复，就会变得没有力量。乱的实质是你的定位、身份、所在的场合和你的状态不统一。

人不能被散和乱支配了自己的学习和生活。

（三）戒傲

傲慢二字最是败人。

千万不要说"我知道，我都懂"，孔子讲"朝闻道，夕死可矣"，孔子一辈子修学悟道，都不知道"道"是什么。"知道"和"得道""悟道"是一个意思，看来，"知道"是内心傲慢的表现。

王阳明先生说，人生大病，只是一"傲"字。为子而傲必不孝，为臣而傲必不忠，为父而傲必不慈，为友而傲必不信。

他还说，人心本是天然之理，精精明明，无纤介染着，只是一无我而已。胸中切不可有，有即傲也。

他还说，谦者众善之基，傲者众恶之魁。

傲慢的人恰恰是其背后没有什么东西，因为他把自己的"已知"放大了，成天拿着自己"已知"的那一点点东西当资本，殊不知，人的"未知""未闻""未睹"至少占99.99%。

傲慢是一团浊气，一旦发生，就把人心堵死了。

中国几千年的文化告诉我们，傲慢与平庸是伴生的，傲慢者必平庸，平庸者才会生出那些莫名其妙的傲气与慢气。

扭转傲慢之气还有一味常备常用、常用常新的药："主敬为涵养之要"。此药人人可常备以应不时之需，敬这一个字可以息妄、止怠、消慢、胜私、抑矜，人生五大陷阱均可因敬而跳出来。

第十四章
人往高处走,沿着阶梯走

一、学习不好,做人就没有信心

先讲一个捉知了的故事:

在很多人的童年的记忆中,最为难忘的莫过于知了的声音。知了分三类,叫声也分先后,其中比较著名的是"大黑知了",一般夏天最先出现,字正腔圆,像是宣告夏天来了,可以叫作"迎夏儿";然后出现的是小种的知了,到了伏天才出现,叫声像在说"伏天伏天伏天",像是天热专门给人添烦,因其声音个性,可以称之为"伏天儿";最后是入秋后的小蝉,翅膀微蓝,叫声似"威威威威哇——",拖长音,傍晚叫得特起劲,可以命名为"威哇儿"。

小时候,我家门前有一棵很大的柚子树,那是各种知了的家。在不断摸索中,我们学会了如何将蜘蛛网收集起来,团成一团,粘在长长的竹竿头上去树上捉知了。每年暑假,捉知了都是一场童年最为璀璨丰富、美妙无比的"盛宴"。

回到原点看学习,捉知了的过程几乎揭示了儿童学习的真谛。

(一)儿童是天生的学习者

儿童的天性是活动、是创造,人在活动中通过感悟、总结而实现创新,创新是学习的最终呈现。如何捉知了,分几个步骤,怎样的蜘蛛网黏性强,如何避免惊扰知了,如何集中眼神准确粘住知了的翅膀等,无不透着新奇和快乐。

(二)学习的过程是情感的培养过程

首先要认识的是"痴迷"和"专注"两种情感。只有伴生"痴迷"和"专注"的学习才是最为接近学习本质的学习,是天然的,而非控制的。小时候去捉知了,往往痴迷到需要母亲"喊你回家吃饭",也顾不上中午时分的暑热。

（三）人的有效学习应当是将所有感知器官调动起来以后的学习

知了美妙的声音，捉来知了，用泥巴包好烤熟后的美味和香气，用手触摸蜘蛛网，用眼睛去搜索知了极具隐蔽性的身影……几乎在整个活动过程中，调动了我们所有的感知器官，使得学习产生了意义。

在每一个人的童年里，都隐藏着很多我们长大后可能不会显露出来的"基因"。也就是说，人的起点非零，儿童具有语言的、思维的、学习的、创造的本能，因而是天生的学习者，是教育、教学中最重要的资源，我们有必要借助于调动儿童的本能力量，形成新的教育动力方式和动力机制。

对于学习，为什么有的人厌倦，有的人充满热情，甚至热爱、痴迷？区别就在于人与知识之间的情感分了层次。

学习的秘密在于越深入学习，就会越爱学习。

孔子讲："知之者不如好之者，好之者不如乐之者。"意思是，对于知识或者学问，懂得它不如喜欢它，喜欢它不如深入进去，乐在其中。

要学习一样东西，必须喜欢它才能笃实地去学。人其实不可能懂得自己不喜欢的东西，因为你不喜欢、不服气，就不会低头去学习，去吸收，去接受，那你只了解一些表面的知识而已。喜欢呢，可能只是站在外面喜欢，没有深入其中，因此，一定要深入进去，并痴迷其中，才会有体会、有收获，才会有内在的喜悦，才能知行合一。

毅力、坚持、刻苦是不想学习的人发明的词，乐之者根本不知道"毅力""坚持""刻苦"是什么。

什么是真正的乐学、好学？孔子给出了答案："默而识之，学而不厌，诲人不倦，何有于我哉？"

*

学习不好，做人就没有信心。但学习不好与智力的关系不大，关键在于自我管理和自身素质，即素质好，不怕考。

人的骨子里有哪些素质可以让人从优秀迈向卓越，对此我们做了大量的案例研究，渐渐地提炼出五个关键素质，每个学生通过自身的努力可以获得这些素质。

（一）下足笨功夫

越是聪明的人越愿意下笨功夫。

要想从平庸中自拔出来，靠的是人的智商、情商、体商，然而，要想从优秀跃向卓越，则主要靠下足笨功夫，靠至诚无息。

所谓"下足笨功夫"，就是《中庸》里说的："人一能之，己百之；人十能之，己千之。果能此道矣，虽愚必明，虽柔必强。"意思是，别人一遍能做到的，我做一百遍；别人十遍能做到的，我做一千遍。果真这样做，即使是愚笨的人也一定变得聪明，即使是柔弱的人也一定变得坚强。

凡下过笨功夫的人，都知道"暗暗"这两个字的厉害。"暗暗"的意思就像是鸭子划水，表面上看，平静前行，实际上，水底下鸭脚掌使劲地、高频率地划动，暗暗地下功夫。

（二）认真的能力

学习不好，从根本上来说，是缺乏一种认真的能力。

认真不仅仅是一种态度，更应当是一种把每道题、每件事情、每一步做到极致的能力,而这种能力可以训练而成。

学生的学习成绩不理想,大抵都是因为不认真,表现在:看书一看就懂,其实没有真懂;上课一听就明白,其实没有真明白;做错了作业,找一个借口,说是自己马虎所致;考试时,不检查就交卷……看起来都是因为浮躁,实质是缺乏一种认真的能力。

比如,解一道数学题,认真的能力至少包括:慎重审题—开拓思路—掌握技巧—懂得方法—细心运算—检查复盘。

认真是人的灵魂获取回报的唯一形式,是通往卓越的必经之路,在人的一生中,它也是核心竞争力,世界上让人尊敬的人,其实都是具有认真能力的人。

(三)在错误中反思自己

人类在反思中获得全部的智慧。

对于学生来说,在错题中发现自己是一件伟大的事情,不仅仅是我们常说的"整理错题"那么简单。

所有错题的背后都隐含了人的思维的误区,如果对初一到初三或者高一到高三的所有小考、大考错过的题目,都彻底地弄通、弄透、自成体系,那将很好地训练人的三种决胜性思维:洞察、想象、变通。中高考将不再是难题,因为任何考试最终考查的都是人的思维,而这三个思维品质恰恰是中高考最终要考的东西。

当然,凡一切错误、错题都理解透彻,且能举一反三,其实任何考试也难不倒你,人生中的所有困难、艰险、挑战亦如此。

热爱错误吧!

（四）做事情制订计划和目标

在这个世界上，做事情没有计划和目标的人都替做事情有计划和目标的人打工。

有人说，地球上80%的财富掌握在那些做事情有计划和目标的人手里。

时间是一个长度，人生则是一个宽度，把人生的宽度放在有限的长度里是一种良好的内心秩序，更是一种高水平的自我管理。

所谓的好学生，是把别人散漫的时间集中起来用在学习上，这是做事情有计划、有目标的一种集中体现。

（五）保持体力和脑力的统一

一般而言，学习不好还有一个原因，是精力不足，精力包括体力和脑力两个部分。

体力部分，坚持每天锻炼一个小时，以保证充分的"体商"；而脑力部分，则需要必要的大脑营养来维系，为此我们专家组专门组建了脑营养小组，得出的结论是，中小学生每天吃一个水煮鸡蛋，就足以维系大脑一天所需要的营养。

再就是保证睡眠，尤其是保证子时觉，子时就是晚上11点到凌晨1点，这个时间段必须保证睡觉，不找借口。

二、阶梯式学习法——学生自主学习操作系统

学生的学习问题是教育发展的核心问题，长期以来，很多有智慧

的校长、教师甚至家长在这方面下了很多的功夫。

学习质量问题是一个系统工程，不仅需要科学学习理念的支持，更需要有一个操作系统，否则，胡子眉毛一把抓，往往事倍功半。

这些年来，我们也进行了大量的研究和实验，尤其程鸿勋老师用几十年的时间锻造了一个操作系统：阶梯式学习法。近年来，我们在反复实践中又进行了完善、升级，形成了可谓阶梯式学习法3.0版。

所有的成功都是个性得到发挥的结果。以往所倡导的个性化教育的缺陷就在于缺乏有效的自我评价环节，所以，不能实质性地解决问题。

世界万物的发展都是有序的，任何事物的发生、发展都有其必经的轨道，必须经由一定时间和相当程度的量变的积累，才可能获得质变，而不可能一蹴而就。客观世界的一切发展，都是既有渐进又有飞跃的"阶梯式"发展。

人往高处走，沿着阶梯走，阶梯本身也是一个引领上进的重要的教育价值观。在教育领域中，"阶梯"的提出看起来简单，但意义深远，是当前提出创造适合每个学生水平的教育方式的一个重要突破口，也可以说是个性化教育的实质。只有阶梯才能使不同水平的学生和教育者各得其所。

阶梯式学习法是当代中国解决学生学习问题的一个整体解决方案，其独特而重大的教育价值在于：

一是把学生学习的主动性、科学性、渐进性结合起来，在人的内在世界里发生作用；

二是为每一个学生提供适合他们水平的发展机会，是可操作的差异化教育；

三是注重过程价值，教育过程质量才是真正的教育质量，有过程活动，人才会真正有所体验、感悟、生成、创造；

四是自定目标、自找办法、自我评价、自我负责的教育，是让学生学会对自己负责的教育；

五是避免单纯的分数焦虑，从人的学习状态和学习习惯着手，更加具有科学性和操作性。

阶梯式学习法的真谛在于给每个学生一个阶梯水平体系，引导学生定位自己当前的状态和水平，然后结合实际生成阶梯目标，自己教育自己，一步一步实现进步。这里介绍一下涉及各学习主要环节的各级水平要求。

*

（一）上课的阶梯

很多人不知道，学生学习的好坏，85%取决于学生上课的水平，上课时学生表面都一样，而内心的差别很大。有的学生上课很热情，思维积极、活跃；而有的学生上课态度懒散，思维简单。时间长了，结果很不一样。可以说，学生在学校期间，出现知识、能力、思想品德等方面的差异，很大程度上是学生长期上课参与水平不同的结果。

一级：跟着上课

上课时，学生简单地听，被动地抄着笔记，当然，这样也能跟着听懂一些知识，但这样上课，产出很小，效率很低。

二级：识记上课

识记上课又叫懂记上课，主要有两个要求。

一是要积极思考。程鸿勋老师回忆自己上学时，有时上课因为思考脸都热烘烘的，下课必须出去休息休息，学习好的学生都有过这样的体验。学生学习好坏的问题归根结底是上课是否积极思考问题。

二是在懂的基础上有意记忆，课后能复述出课堂的主要内容。记忆既是人的思维基础，又是思维水平的重要标志之一。学生正处在记忆力发展的最佳时期，大有潜力。所以，一定要加强有意记忆和课后复述。

三级：联想上课

联想上课也有两个要求。

一是要积极思考、展开联想。深入学生就会了解到，我们的学生上课很少联想，甚至不想，学得很"死"，所以可以告诉学生上课一定要多联想，甚至幻想。

二是要主动积累经验。有的老师上课讲了很多经验，而学生主动性不够，没有吸收。带过毕业班的老师都深有体会地说，学生不积累经验，经验不系统化，就谈不上能力，中考、高考成绩不会好。学生主动积累经验是他们形成和增长能力的一个重要途径。

四级：多得上课

这里的"多得"，是在联想上课的基础上，扩大收获，多学多得。其主要有三个要求。

一是培养概括能力。一个人面对纷乱繁杂的事物能用几句话概括其本质，是他有能力的重要标志，是有作为的人的必备素质。概括能力是怎样得来的呢？教师上课不得不说许多话，学生必须从教师的众多的话语中"琢磨"出主要意思，这就是获得概括能力的一个重要方面。

二是让学生充分发挥个性特长上课。善于逻辑思维就多推理，善于形象思维就多想象。发挥特长上课既愉快又容易取得成绩，何乐而不为？

三是努力扩大课堂上的收获，比如老师的哪句话讲得精辟，哪个章节讲得精彩。

五级：专论上课

专论上课也有三个要求。

一是学生对知识有"超前兴趣"。有自学的能力和方法，有独到的见解，并能用较精确的语言表达出来。优秀的教师总是鼓励学生先学，学生先学后再去上课就会发现，最基础、最扎实、最系统、对他们帮助最大的还是课堂。实践证明，达到自学程度的学生上课更专心，也更虚心。

二是学生能形成知识专题或结合社会实践的专题，进行主动探索式的学习，从而走向高水平的研究性的学习。

三是讨论时要善于交流，热爱集体，能很好地进行现代化"合作式学习"。这样学生的上课要求具体，状态稳定，对自身的学习和老师的教学都更有好处。

上课阶梯参考表格如图14-1所示。

跟着上课： 学生简单地听，被动地抄着笔记；被动参与，勉强遵守课堂纪律。

识记上课： 积极思考，在懂的基础上有意记忆，课后能复述出课堂的主要内容，培养自己的学习兴趣。

联想上课： 积极思考、展开联想；主动积累经验，加强对例题的举一反三；主动举手发言，努力提高参与水平。

多得上课： 善于概括，能较好地把知识系统化，画好知识树；充分发挥个性特长上课；加强感悟，培养自己良好的精神状态，多留心，学习教师的各种优点，扩大收获。

专论上课： 对知识有"超前兴趣"；有自学的能力和方法，有独到的见解，并能用较精确的语言表达出来；形成知识专题或结合社会实践的专题，进行主动探索式的学习；讨论时善于交流，进行"合作式学习"。

图14-1　上课阶梯参考表格

（二）预习的阶梯

预习一般是指学生超前接触新知识，独立地去阅读和思考。学生若能长期坚持预习实践，预习的水平逐渐提高，自学能力必然会得到提高，这对于学会学习意义重大。

一级：简要预习

简要预习主要有两个要求。

一是通过阅读课本了解将要学习的知识内容。

二是及时补习一下需要用的旧知识及薄弱环节。课前可以用较短的时间预习，做到心中有底，心中有数，有利于上课主动学习。

二级：重点预习

重点预习主要有两个要求。

一是初步理解要学的重点、难点。要理解它首先就要找到它，能找到重点、难点，这本身就是自学能力提高的表现。可用铅笔划出重点、难点，或在重要字词下面点上点，用铅笔的原因是便于课堂学习时更改。

二是初步理解要学内容的基本思路。如果能长期坚持这样预习，并与课上老师强调的重点内容相比较，会很快提高自己的预习水平。

三级：问题预习

问题预习主要有两个要求。

一是提出问题，并把问题联系起来系统化。

二是对重点问题有自己的初步探索。在学习过程中，发现问题比解决问题更重要。只有提出问题的人才会真正地学习，奥妙无穷的世界只向那些敢于发问、勤于思考的人敞开大门。善于提问、善于把问题系统化是善于学习的重要表现。

四级：解析预习

解析预习主要有三个要求。

一是培养分析能力。人们普遍存在的毛病是停留在事物的表面上。学生的学习过程就是学会"抠"书的过程，能分析书本知识的内核是很可贵的能力。

二是培养解决问题的能力，起码应学会运用工具书和参考书，能独立解决课本上的简单习题。

三是一定要有自己的理解和思路，可以把自己的看法、体会用简练的文字在书上做些批注，这既是重要的学习方法，又非常有意义。

五级：探究预习

探究预习主要也有三个要求。

一是能形成学习专题。例如学习三角函数公式时，总结"三角函数公式关系表""三角函数运用经验集锦"等，使学习具有研究性。

二是对专题有自己的体会和理解，培养创造精神和创新能力。

三是善于和教师、同学们讨论，善于合作学习。

显然，预习的各级水平既有区别又有联系，高一些的水平在低一些水平的基础上提高形成。很多学校的"学案"也可以参考这个阶梯来构成。

预习阶梯参考表格如图14-2所示。

简要预习：提前阅读课本及时补习要用的旧知识及薄弱环节。	重点预习：初步理解要学的重点、难点；初步理解要学内容的基本思路，利用工具书自行扫除学习困难。	问题预习：提出问题，并把问题联系起来系统化，形成自己的经验体系；对重点问题有自己的初步探索，同时写出学习提纲。	解析预习：培养分析和概括能力；学会运用工具书和参考书解决问题；用简练的文字在书上做好批注，形成自己的批注风格。	探究预习：能形成学习专题，使学习具有研究性；对专题有自己的体会和理解，具有新见解、新思路、新发展，培养创造精神和创新能力；善于和教师、同学们讨论、合作；在课前进行专题研究。

图14-2　预习阶梯参考表格

(三) 复习的阶梯

预习时，学生初步接触新知识，不可能全部深入理解；上课是教师主导下的活动，也不可能完全按自己水平、按自己意愿去进行，必然会出现有的知识理解浅一些，有的甚至不理解的情况。这样，完整、深入的理解任务就落在复习上了。

一级：巩固复习

巩固所学的知识是复习的基本任务。其具体要求是"尝试回忆"，用学生的话叫作先"过一下电影"，就是开始复习时，先不看书和笔记本，而是把课上学习的基本内容回想一遍，有顺序地、扼要地回想一遍。

二级：重点复习

它有两个要求。

一是要狠抓基础。我国基础教育多年来一个重要的成功点就是强调打好"双基"，即打好基本知识、基本技能的基础教学。

二是善于请教好问，养成请教好问的良好习惯。

三级：系统复习

它有两个要求。

第一，系统复习是单元系统复习、阶段系统复习、考前系统复习的简称，所以要找出知识之间的内在联系，从整体和系统上掌握知识，培养概括能力。

第二，熟记知识系统。无论是批注、提要还是图表，既然是自己动脑筋找到的知识联系，那就一定要有意记忆、记熟。要求学生背诵全章节的知识系统，并能自然地表述出来，学生正处于记忆力发展的最佳时期，这样复述很容易，这不仅有利于牢固地掌握基础知识和系统，为应用做好充分准备，更能够发展学生的记忆和学会学习的能力。

四级：经验复习

人应该有每干完一件事就要总结经验的意识，学习和复习更是如此。经验复习有两个要求。

一是深入、系统复习。复习后，在内容、程序、书写等方面要总结自己的经验，发扬下去。经验系统化就是能力。

二是培养解决问题的能力。要适当地选一些简单的题目尝试，看看自己是否明了考的是什么基础知识；选些综合性的习题尝试，看看自己是否明确解决问题的思路，这样做可检查自己学习、复习的效果，也可提高对知识完整化和系统化的认识过程，培养综合运用知识解决问题的能力，积累应用经验。

五级：探究复习

它也有两个要求。

一是进一步形成专题，搞专辑或专题学习。这是一种集中、透彻的学习，是一种突破一般标准达到高水平的学习。

二是善于讨论问题，善于合作学习。在前面上课和预习的部分都谈到此项要求，搞好复习，特别是专题研究的复习，更需要合作学习，合作研究。

复习阶梯参考表格如图14-3所示。

巩固复习： 不看书，回忆所学的知识是复习的基本任务。

重点复习： 狠抓基本知识、基本技能；善于请教，养成勤学好问的良好习惯。

系统复习： 找出知识之间的内在联系，从整体和系统上掌握知识，培养概括能力；熟记全章节的知识系统，并能自然地表述出来。

经验复习： 深入、系统复习；总结自己的好经验，发扬下去；培养解决问题的能力；选好习题练习，培养综合运用知识解决问题的能力，积累应用经验。

探究复习： 形成自己的学习专题，进行专题研究；善于讨论问题，与学习小组合作进行研究。这是复习的最高境界，在这种复习的状态下，才能从繁重的作业和习题中解放出来。

图14-3 复习阶梯参考表格

（四）作业的阶梯

学生学习知识后必须对其进行检查和应用。作业是知识检查和应用的重要形式之一，因此，做作业是完整掌握知识的必要环节和重要手段。有的学生做作业是为了应付老师和父母，为了"交差"，为了表扬，因此出现赶作业、抄作业的现象。可见，教育者必须加强学生对做作业意义的认识。

一级：认真完成作业

它有两个要求。

一是要先做复习，独立思考，就是一定要先复习，后做作业。

二是注意审题，认真解答，书写工整，按时完成。

二级：提高完成作业的效率

它有两个要求。

一是准备充分，充满信心。为了提高效率，要准备充分地做作业。首先是知识上的准备。不但要对基础知识进行复习，还应该有经验和能力上的复习，明确这次作业应该完成的内容。其次是环境准备。自己学习的桌面要收拾干净、整齐。不常用的学习资料不要摆在桌面上，正在用的学习资料及作业本等也要按一定的顺序摆放好，常用的文具要放在固定并容易取的地方。这样做能提高完成作业的效率，还能养成井井有条的良好学习习惯，对将来的工作也很有好处。最后是时间上的准备。要安排一个不被干扰、不间断的时间来做作业，有充分准备的人会充满信心地去做事情。这一点，家长应给予充分支持。

二是要像考试一样地去做作业。现在有较多的学生做作业不科学，不懂得做作业前应先做好复习，掀开作业本应一气呵成写完并做检查，而不是边看书边做作业，效率很低。有的学生还有磨蹭的毛病，在学校写作业有效率，自己在家做作业时就玩弄东西，磨磨蹭蹭，耽搁时间。

三级：自我评审作业

实践证明，这个做法对学生提高成绩很有效。它有两个要求。

一是对作业进行自我检查，及时更正。做完作业后，自己及时进行检查，既保证了作业的质量，又可以形成自我教育的意识和习惯。

二是自我评审作业。其就是要求学生做完作业后，在题目前面用红笔画个标记，当然事先要征求老师的同意。比如，有的题目非常简单（老师不愿意留，学生不愿意做），学生认为自己一定能做对，就画上一个竖杠"丨"。若题目是动点脑筋做出来的就画个钩"√"。难点的题目就画个三角"△"，感到很难又很有收获的，就画个醒目的大三角或多个三角。只有碰到这样的作业，才会尝到甜头，所以告诉学生做作业一定要吃几个"糖三角"。有的作业是很有代表性的典型题（或是个小规律的题），就画个五星"☆"，特别好的典型题就画个大五星，代表收获特别大。有点"超纲"的难题就画个花"*"。做单元复习时，要把上述标记整理一下，看看自己是否全掌握。学生学习的一个重要问题，就是对学习本身的自我意识问题，学习理论中称为"元认知"问题。自我评审作业有利于培养学生的元认知学习。

四级：经验作业

它有两个要求。

一是珍重教师对作业的批改，及时更正，做好小结。学生对作业的思路和表述一般都带有明显的个性特征，因此，教师的批改就具有个别性和针对性。

二是学会自己总结作业经验。就是在题目后面写明画三角、画五星的原因。比如，如果老师说这道题目好，可以在题目旁画上一条竖线；题目很好，可以画上三条或五条竖线，并写上自己的经验和教训。如果是自己找到的好题，可以在旁边画上插入线"∠"，并写出自己的经验和教训。这样做，可以记录自己学习时的思想，还可以形成一份重要的作业学习资料，提高水平。

一些学生学习很用功，但成绩不理想，其中原因之一就是只在题海中苦苦煎熬，而忽视甚至无视这种精细推敲、比较归类的学习方法。

若平时作业这样做，以后总复习就很容易。一、二级题自己看看即可，重点抓三角题和五星题。可以和同学讨论，也可以请教老师，把好题学得更精、更透，一定会有更大收益。

五级：发展作业

发展作业主要有两个要求。

一是学到知识和规律后能预估其在生活中的应用,这才是高水平的学习。

二是能结合实践发现问题,形成问题专题,注重专题研究的过程、方法和成果。第五级的作业水平不是高不可攀,很多学生试着进行发展作业,很有收获。

作业阶梯参考表格如图14-4所示。

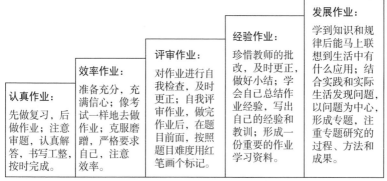

图14-4　作业阶梯参考表格

以上的操作系统及标准只是一个参考标准,在实施过程中,把这个阶梯交给学生,引导学生画一个适合自己的阶梯表格,把对自己的要求填入表格,从而实现自我升级、自我管理。

与其天天依靠补课,不如遵循教育规律,引领学生从当下开始,在最基础、最根本的问题上下功夫,一劳永逸,事半功倍。

当然,再好的成功方法和学习指导方法如果没有"持之以恒"作为保证,一切都没有意义。并且,不仅需要学生"持之以恒",更加重要的是需要教师和家长"持之以恒",只要愿意持之以恒,就一定可以帮助学生迈向卓越。

第十五章
我们养出了习惯,然后习惯养出了我们

一、知行合一

在王阳明之前,许多人之所以把知、行分开,是因为有人懵懵懂懂,不加思考,肆意妄为,所以提出知的概念;还有人只是空想,不肯切实躬行,全凭主观臆断,所以提出行的概念,好让他们知得真切。

到了王阳明先生这里,他提出了颠覆性的新的认知:知和行不是两件事情,而是一件事。王阳明先生指出,把知和行分开,以为必须知道了才能去做,而等到把知弄透彻了再去行,这样永远都不会行,也永远不会知。

王阳明先生的学生问他:"什么是知行合一?"

他没有直接回答,而是反问学生:"孝敬父母,你们知不知

第十五章 我们养出了习惯，然后习惯养出了我们

道？"所有同学都回答说："知道。"王阳明先生说："你们不知道，你们只是晓得有孝敬父母这个说法，并不是真的知道。而你们所知道的孝敬，每个人知道的都不一样。为什么呢？只有你去做了，看到父母的反馈，你才知道。你做了多少，父母就有多少反馈，你就知道多少。你没做过的，你就不知道。"

王阳明先生还用好色和恶臭打比方来讲知行合一，他说，看见美色，这是知；好色，是行。看见的时候，就已经"好"了，眼珠子已经在人家身上转了，知和行是同时的、合一的，没有说看见了，知了，然后提醒自己："这是美色，我应该好。"恶恶臭，也是如此，闻到恶臭，这是知；马上眉头皱了起来，这是行，没有说提醒自己："这是恶臭，快讨厌"。

*

懂得了很多道理，但依然过不好这一生，那是因为这个懂不是真懂，只是听说过。

道理只是一个说法，体悟出来才是真经。只依据于道理的人往往看不见光，看不见去路。

什么叫真懂呢？举一个例子，我们知道糖是甜的，黄连是苦的，这是道理，但如果没有吃过，你根本不知道什么叫甜，什么叫苦。

所谓的行，开始是模仿，照着做，坚持做，然后便是知行合一，知就是行，行就是知，知和行是一件事情。也就是说，一切的学习，要用手脚去学，用耳鼻嘴眼去学，用肌肤去学，从大脑认知开始，逐渐形成肌肉记忆，最后才能实现知行合一。

我们总是想得太多，动手很难，说得太快，行动很慢，所以，知行合一的最低要求是少动心思，心思少了，行动就会纯粹，精神便能专注，然后言行一致、知行一体。

*

知行合一叫学通学透，也叫打通心路。打通了心路的人，胸有百万雄兵，任何时候都是不惑、不惧、不忧。而践行知行合一的路上，有三个敌人。

（一）口耳之学

《荀子·劝学》里讲小人之学："小人之学也，入乎耳，出乎口；口耳之间，则四寸耳，曷足以美七尺之躯哉？"

所谓口耳之学，入之于耳，马上出之于口，急着说给别人听，根本没有走心，也没使之通过人的身体的每一部位。

（二）道听而涂说，德之弃也

"道听"，从路上听到的传闻；"涂说"，在路上传播；

"弃",抛弃。孔子这句话的意思是,在路上听到传言就到处传播,这是道德所唾弃的。

(三)不践迹,亦不入于室

孔子这句话的意思是,不踩着圣人走过的路径亦步亦趋地走,这个人的学问道德就到不了家,难以登堂入室。

"践迹"太重要了,就是踩着老师的脚印,亦步亦趋,步步踏实,一点都不偏离。为什么要"践迹"?因为行动带来认识。当你还不"知",那么,就敬畏圣人之言,一句句地活出来,或者照着老师的样不打折扣地执行,在行的过程中体会,慢慢获得属于自己的"知",所谓"行知"是也。

教育的本来就是行知,而不是知行,这可能是陶行知先生当年把自己的名字从"陶知行"改为"陶行知"的缘故。

*

二、习惯决定了一个人的命运

学到了还要做到,做到了还要能保持住,这叫"知行合一"。在现代教育实践体系中,就是培养习惯,也就是把正确的行为固化下来成为习惯,进而奠定为一个人的人格。也就是说,知行合一到最后就是培养习惯。

叶圣陶先生要求孩子:走路的脚步要放轻,关门的声音要放轻,放东西的声音要轻,为的是不影响别人……叶圣陶先生最重要的教育思想是"教育就是培养习惯。"如果一个人的命运是"果",那么习惯就是"因"，习惯决定了一个人的命运。

美国心理学家威廉·詹姆士说："播下一种行动，收获一种习惯，播下一种习惯，收获一种性格，播下一种性格，收获一种命运。"也就是说，习惯可以决定一个人的命运，有一身好习惯的孩子走遍天下都不怕，有一身坏习惯的孩子走到哪里都是危机重重，让人不安宁。

十五年来，我们在三百多所学校进行了深入扎实的习惯养成的实践研究，有四个深刻的体会。

一是，一所好的学校，一定要赋予每个学生毕业后能带走，并终身受益的东西，这个东西只能是习惯，比成绩更重要。

二是，家庭是习惯的学校，所谓"家校共育"，其本质就是家庭与学校协作来培养孩子的好习惯，而其他都是落实不了的工作，似乎也很难合作。

三是，立德树人是我们这个国家和民族最根本的教育任务，而立德树人往小了说，就是培养好的习惯。

四是，德是教不出来的。我们从小就被教导或去教导人从小要做一个诚实、正直、善良、有爱心的人，但在实践中，德育却始终难以走出知行脱节的误区，把德育的目标定得比天高，就是落实不下来。

孙云晓老师讲："许多地方的德育成了一壶烧不开的水。水的沸点是100℃，可我们的德育往往在50℃左右就停了下来。例如当孩子开始做好事，或者开始守纪律，人们就以为德育的目的已经达到了，教育已经成功了。事实上，这绝不是德育的最终目的，而只能算是前50℃的教育。它绝不应该成为教育的终点，而应该被视为一个重要的教育契机。抓住孩子偶然出现的道德行为，将其反复训练成道德行为习惯，才是德育的真正目标，是德育的后50℃。很明显，我们的德育在后50℃上下功夫不足。"

怎样才能烧开德育这壶水呢？

品德的发展是一个从量变到质变的过程，其中要经过很多阶段，而每一个阶段的特征都集中体现在道德行为习惯的变化上。事实也告诉我们，人的行为在很大程度上取决于他的习惯，通过习惯的训练和培养，可以提高和巩固道德认识，加深和丰富道德情感，锻炼道德意志。

总而言之，德育没有抓手，就无法落实，无法实现知行合一。这个抓手就是习惯。

但是，要养成一个人良好的行为习惯并不是一件很容易的事，它需要长期的训练。从心理机制上说，习惯是经过长期多次强化和积累而建立起来的一种动力定型和自动化了的条件反射系统。

*

我们每天刷牙是先挤牙膏还是先用杯子接水？吃饭用左手还是右手？扣扣子是自上而下还是自下而上？这些都是不假思索的习惯，而不是刻意安排。

毫无疑问，正是习惯帮助我们选定并安排了这一切。习惯养成就是帮助人们建立起一套积极的、自动的神经系统，使我们的内在世界变得清晰、坚定，使生命变得和谐，让人由混沌走向澄明，让个性由蜷缩变为舒展。习惯使生命得以高质量地发展。

西方心理学家认为，人类的习惯之所以出现，是因为大脑一直在寻找可以省力的方法。

因为人的行为过于复杂，所以经过百万年进化的身体组织能将很多行为都变成习惯，这是人最实在的进步。

引用一个例子：

刚学会开车时，你倒车时是全神贯注的：你得打开车库，开车门，调好座位，把钥匙插进去，然后顺时针转动，调一调后视镜，查看有没有障碍物，接着把脚放在刹车上，挂上倒挡，脚从刹车上移开，心里估算着车库和街道的距离，同时控制速度并注意靠近的车辆。

这时，要计算保险杠与镜子里看到的东西、垃圾桶还有篱笆的距离，同时在油门或刹车上稍稍用力，而且很可能还要跟坐在你车里的人说别开收音机。

而等这一切的行为都熟悉了之后，你每次把车开上街几乎都不用去细想。

这种惯常的活动以习惯的形式发生了。

一旦习惯开始发挥作用，大脑的灰质就会平静下来，或者去进行其他的思考活动，所以说习惯并不是禁锢人，而是解放人，解放人的大脑。

*

什么是习惯？

（一）人的行为模式

人的行为从方向上可分为良好行为与不良行为，从行为方式上可分为定型性行为和非定型性行为，如图15-1所示。

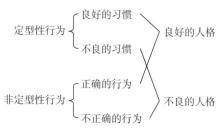

图15-1 定型性行为和非定型性行为

非定型性行为指的是人的非习惯性动作,这是我们经常遇到的一种情况,采取任何行动主要靠意识支配,这种意识不是由简单的训练产生,而是靠长期的培养和道德的积累。

定型性行为指的是习惯动作,要靠长期的培养和训练养成。虽然看来是行为的习惯,但它却是完善人格不可缺少的部分,是成才的基本条件之一。

（二）人的行为水平

人的行为水平有四个层次,如图15-2所示。

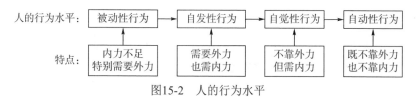

图15-2 人的行为水平

最低层次是被动性行为,它需要靠外部的强制力量。这是因为此时的道德认识还不充分,道德情感还不稳固,还没有形成道德意志。如老师在场就遵守纪律,老师不在场就不遵守纪律。

第二个层次是自发性行为。通过接受教育,对习惯培养的重要性有了基本的认识,并能自发地根据情境要求去做,但由于自控能力差，兴趣、情绪变化大，因此行为具有随意性和情境性，行为习惯常常顾此失彼，不能完全到位，反复性大，往往是不稳定的。这时不但需要自己的意志努力，还需要一定的外部提醒和监督。

第三个层次是自觉性行为。它需要一定的意志努力，靠内部的自我监督。此时已经有了一定的道德认识，并有一定的道德意志，能够进行自我要求和自我监督，不需要外部监督，但仍然需要自己的意志努力。

最高层次是自动性行为。既不需要外部监督，也不需要自己的意志努力，这时遵守纪律不是被迫的，而是自然的、自动的行动，这就是习惯。

（三）习惯的特征

一是后天性

习惯不是由遗传得来的，它是在后天的生活环境中习得的。从生理机制来讲，习惯又是一种后天获得的条件反射。因此，我们可以通过有意识、有目的地进行训练，培养良好的习惯，克服不好的习惯。

二是稳固性

习惯一旦形成就较难改变。习惯经过多次重复，因得到强化而不断地趋于定型稳固，如果此时想改变它，是较为困难的。

三是自动性和下意识性

习惯是一个自动化行为，所谓自动化，就是稳定的条件反射活动，甚至是下意识的动作。行为习惯形成以后，就不需要专门的思考和意志的努力。

从心理机制上看，习惯是一种需要，一旦形成习惯，就会变成人的一种需要，如果不这样做，就会感到很别扭。

四是情境性

习惯是一种动力定型,是在相同情境下出现的相同反映,因而有情境性。

习惯形成以后,它总是由一定的情景而启动,也就是说,养成了某种习惯的人,一旦到了特定的场合,习惯就会表现出来,特别是习惯还不完全巩固的情况下。如有的儿童在幼儿园里初步形成"自己的事情自己做"的习惯,自己洗脸,自己穿衣服。可是一回到家里,不爱洗脸,自己也不穿衣服,吃饭还得一勺一勺地喂,在幼儿园的好习惯全没有了。这说明儿童的习惯受情境所制约。要使良好的行为习惯得到巩固和泛化,就要在各种场合实践其良好的行为习惯,摆脱单一情景刺激的状况。

三、习惯培养的路径与步骤

习惯是人稳定的甚至是自动化的行为。

乌申斯基说,好习惯是人在神经系统内存放的道德资本,这个资本不断地增长,一个人一生也享用不尽它的利息,反之,坏习惯是道德上无法偿还清的债务,如果资不抵债,人生就会破产。

叶圣陶说,走路和说话是我们最需要的能力,这两种能力的形成是因为我们从小就习惯了,成自然了。无论哪一种能力,要达到自然的地步,才算是我们有了这种能力。

任何一种习惯都是反射行为,行为的习惯性有多深,它的反射性就有多大。哪里有习惯,哪里就有神经系统在工作。神经体不仅有天赋的反射,而且在活动的影响下也有掌握新的反射的能力。经过教育或者培养,人可以形成新的习惯、新的反射,人可以掌握自己的命运。坚持的时间越长久，习惯养成的程度就越牢固。

习惯养成的最高境界是形成人的自身需求，而不是外在的强制。习惯的养成是一个主动建构的过程，荀子讲，"不闻不若闻之，闻之不若见之，见之不若知之，知之不若行之。学至于行之而止矣。"

习惯培养应当人格化，而不能技能化。人格化习惯具有再生性和迁移性。技能化习惯使人机械化，缺乏内心的认同和热情；人格化习惯则内化于心，也有热情。

由此，我们来认识一下习惯培养的六个步骤。

第一步，认识习惯的重要性，提出培养目标。

第二步，确立具体的行为规范，最好是阶梯化。

第三步，树立榜样。

第四步，持之以恒地训练。

第五步，及时评估和积极反馈。

第六步，转化为集体无意识，形成风气、文化，也就是家风或者校风。

*

习惯培养的六大方法如下。

（一）注重第一次

陈鹤琴先生认为，"无论什么事，第一次做得好，第二次就容易做得好；第一次做错，第二次就容易做错。儿童种种坏的习惯都是由于他们开始学的时候，教师或父母没有留意去指导他们，以致后来一误再误，成为第二天性。要想把孩子教得好，必定要在第一次的时候教得好。所以，对于儿童第一次的动作，父母和教师要格外留意指导，以免他们犯错。"

"第一次"在习惯养成中具有重要的作用，正如"水滴石穿"的力量都是从点点滴滴之中积累起来的一样。好的"第一次"往往能打下一个好的基础，因而养成好习惯的可能性就较大；不好的"第一次"往往会使人们滑向别处，随之而来的很可能就是坏习惯。

（二）训练法

习惯是一种动力定型，是条件反射长期积累和强化的结果，因此必须经过长期、反复的训练才能形成。严格要求、反复训练是形成良好习惯的最基本的方法。

古今中外的教育家都强调训练的重要性，因为训练可以使机体和环境之间形成稳固的条件反射。实践证明，真正的教育不在于说教，而在于训练。如果我们的习惯培养只停留在表面的口头话语，那这样的习惯一定没有真正的生命力，时间长了，还容易使人养成言行不一致的坏作风。只有反复训练才能形成自然的、一贯的、稳定的动力定型，这是人的生理机制决定的。所以说，没有训练就没有习惯。

（三）正强化法

人在某种情境下做了某一件事情，如果获得满意的结果或肯定的答复，甚至得到了赞扬，下次遇到相同情境时做这件事的可能性就会提高。在习惯培养上，使用这种正强化方法，其实就是想办法让人学会肯定自己，从某种意义上讲，就是不断给予积极、及时的评价或者反馈，使人朝着好的方向发展。

在运用正强化法时,应遵守以下原则。

一是一致性原则。其指正强化的内容、性质、标准要坚持一致,正强化所提供的各种反馈信息要前后一致,避免相互矛盾,克服不良情绪对正强化的干扰。

二是客观性原则。其指正强化要客观公正,科学合理,不能主观臆断,以致使正强化不符合实际情况。只有客观科学地强化,才能切实反映人的行为,使他们心悦诚服,调动起工作和学习的积极性。违反此原则就会扭曲正强化的意义。

三是及时性原则。其指评价和反馈需要及时、具体、明确。及时的正强化有利于人的行为与强化之间建立直接联系,避免无关因素的干扰。

四是引领性原则。正强化的目的是树立人的信心,而信心是人格的核心,所以,作为管理者,在正强化过程中的定位是引领、激发、协助、唤醒,而不是为了自己的面子和好处而实施正强化。

(四)梯进法

要充分注重学生小的甚至是微小的成功。习惯培养的十二个字经是:低起点,小坡度,勤奋斗,大发展。

要从学生的实际情况出发,通过努力取得阶梯式的、具体的、小的成功,只有小的量变、质变的积累,才会出现大的量变、质变。

(五)行为契约法

行为契约有两种类型:单方契约和双方契约。我们在此只谈后者,它是指双方经过谈判,协商的一种对双方行为均有约束力的书面约定，体现了双方互为强化和互惠互利的关系。

在习惯培养中运用行为契约的方法，不仅可以进行有效的自我监督、自我控制和自我管教，同时也为父母和教师对我们的监督提供了更为客观的环境，能省略很多不必要的"啰唆"和"唠叨"，可谓一举两得。

（六）替代法

一味地纠正坏习惯容易出现"反复抓、抓反复"的低效工作状态，纠正坏习惯最好的方法是，依据中心控制论原理，培养好习惯，好习惯培养成了，坏习惯就被替代了，这个原理叫作"清除杂草的正确方法是种植庄稼"。引用一个典故来说明：

人的心灵就是一片田野，上面有杂草，也有庄稼。如何清除杂草，让庄稼茁壮成长？

一位智者意识到自己已时日无多，但对弟子们还有些不放心，于是在露天设坛讲授最后一堂课。智者问："你们看田野上长着些什么？"

"杂草。"众弟子不假思索地回答。

"告诉我，你们该如何除掉这些杂草？"

弟子们愕然，觉得这问题太简单了。

弟子甲先开口："我只要有一把锄头就足够了。"

弟子乙说："还不如用火烧。"

弟子丙反驳说："要让它永不再生，只有深挖才行。"

……

等弟子们说完了，智者站起来说："这堂课就上到这里。你们回去后按照各自的方法除去一片杂草,一年后再在此相聚。"

一年以后弟子们来了,他们很苦恼,因为无论采用的是什么办法,都没有明显的效果,有的杂草反而更多了,弟子们急着要向老师请教。

然而智者已经不在了,只给弟子们留下一本书,书中有这么一段话:"你们的办法是不能把杂草除净的,因为杂草的生命力很强。除掉田野上的杂草最好的办法是在上面种上庄稼。想没想过,你们的心灵也是一片田野。"

"杂草"如坏习惯,生命力顽强,不用"浇水施肥"也会疯长,稍不留心就会荒芜我们心灵的田野。如果我们只是一门心思除它,常常事倍而功半。而种植"庄稼"却不同,"庄稼"越多,"杂草"的生存空间就越小。

*

应当培养哪些习惯?

提炼出具有价值性的人格化习惯作为养成教育的内容,这是一件并不容易的事情。

提炼的原理与依据如下。

第一,洞察人的内心和中国文化之间的内在的某一种关系,在中国文化中萃取我们每个人面对现实世界的公理、义理,化于日常,这就是习惯。培养了这些习惯,孩子就会活在公理、义理之中,人的内心自然就能够受到文化的滋养。

第二,必须将教育的本体、本质服膺于心。老子讲:"天得一以清,地得一以宁,神得一以灵。"这里的"一"就是本体,回归本体则回归最初美好的状态。因此，提炼习惯须抓住教育的本体、本质不放。教育需要赋予我们孩子的是对他一生有用的东西，因此，提炼出的习惯需要有利于促进人的生命质量的提升。

第三，遵循"立德树人"的教育根本任务。"立德树人"可以说是我们整个国家、整个民族的教育之魂。因此，提炼出来的习惯必须是"立德树人"这个共同价值的具体化。

第四，发挥体系的力量。习惯的培养需要建立体系，因此，提炼习惯需要考虑系统性、整体性、一以贯之的原则。

我们曾经在中小学校长期进行实验，提炼出了一套可操作的12个习惯，叫"决定孩子一生的12个习惯"，可供参考。

习　　惯	做　　点
1. 干干净净迎接每一天	（1）预防疾病，身体健康。 （2）呈现个人精神面貌。 （3）对他人的尊重。 （4）个体与社会文明建设
2. 耐心听他人说话	（1）心里始终装有别人。 （2）谦卑含容。 （3）倾听他人心声，心与心之间能量互换。 （4）更有效地吸收他人智慧
3. 微笑待人	（1）涵养愉悦心境。 （2）化解矛盾或对抗。 （3）做一个人人都能接受的人。 （4）微笑着承受苦难
4. 用过的东西放回原处	（1）建立良好的内心秩序。 （2）归位、定位、到位。 （3）省时高效。 （4）关照别人就是关照自己

续表

习　　惯	做　　点
5. 自己的事情自己做	（1）不给别人添麻烦。 （2）学会自我管理，对自己负责。 （3）磨炼意志，学会面对困难。 （4）独立思考解决问题，形成独立人格
6. 做事情有目标、有计划	（1）时间像流水，抓起来就是金子。 （2）冷静思考，有条理地安排事情。 （3）今日事，今日毕，及时完成才能从容不迫。 （4）化整为零，让不可能变成可能
7. 认真写好每一个字	（1）汉字是中国文化的密码，在心里养活100个汉字。 （2）字如其人，展示个性。 （3）培养认真的能力。 （4）建构沉静人格
8. 每天坚持锻炼身体一小时	（1）增强体质。 （2）激活思维，促进智力水平的发展。 （3）磨炼意志。 （4）提高生命质量，提供更多发展机会
9. 说了的就一定努力去做	（1）从实际出发，量力而行。 （2）慎始善终。 （3）诚意正心，至诚无息。 （4）守时守信，言行一致
10. 在错误中反思自己	（1）人不可能不犯错误，但不犯两次相同的错误。 （2）争取正确的过程，就是把每一个教训都变成真正的经验。 （3）敢于承认错误，大大方方改正错误，把勇气变成行动
11. 孝敬父母	（1）感恩父母，体会到父母的不容易。 （2）关心人，体贴人，理解人，体谅人。 （3）分担责任，一家人风雨同舟
12. 把一件事情做到底	（1）把简单的事情做好就是不简单。 （2）克服急躁，静下心来把每一件事做到极致。 （3）画句号是每一个人应该掌握的本领。 （4）越挫越勇，在磨难中寻找勇气

后记

我不认为我有什么真知灼见，我所讲的，可以说没有一句是我自己的，都是先贤圣哲的绝学或者前人高明的智慧，我只是传承，也就是用自己的身体焐热后再传给别人，别人能不能接得住，随缘，不强求，我的任务已经完成了。

一本书是作者、编辑以及读者共同完成的。在作者完成书稿时，她还只是刚出生的婴儿；然后作者将其托付给编辑，再通过编辑的用心付出、创造性的加工，呈现给读者，这时的她渐渐长大，开始行走在人心的密林里，去寻找同类。我相信，在这个世界上，如果有一个人能与作者感通或共鸣，那么，这本书就有了意义。

教育的话题是说不尽的，与其他行业不同，唯有教育谁都可以聊几句或者抡起棒子敲打几下。我也是一样的，说了很多，但未必能说到点子上去，因此，生怕自己的肤浅和简陋占用了读者宝贵的时间。

林格
2023年3月